"双碳"背景下
可再生能源政策与
光伏供应链博弈研究

许天桐 ◎ 著

企业管理出版社
EMPH ENTERPRISE MANAGEMENT PUBLISHING HOUSE

图书在版编目（CIP）数据

"双碳"背景下可再生能源政策与光伏供应链博弈研究 / 许天桐著 . -- 北京：企业管理出版社，2025. 5.
ISBN 978-7-5164-3287-7

Ⅰ．F426.2

中国国家版本馆 CIP 数据核字第 2025G90K08 号

书　　名：	"双碳"背景下可再生能源政策与光伏供应链博弈研究
书　　号：	ISBN 978-7-5164-3287-7
作　　者：	许天桐
策　　划：	寇俊玲
责任编辑：	郑建平　寇俊玲
出版发行：	企业管理出版社
经　　销：	新华书店
地　　址：	北京市海淀区紫竹院南路 17 号　　邮　编：100048
网　　址：	http://www.emph.cn　　电子信箱：1142937578@qq.com
电　　话：	编辑部（010）68701408　　发行部（010）68701816
印　　刷：	北京亿友数字印刷有限公司
版　　次：	2025 年 6 月第 1 版
印　　次：	2025 年 6 月第 1 次印刷
开　　本：	710 毫米 ×1000 毫米　　1/16
印　　张：	11.75 印张
字　　数：	168 千字
定　　价：	68.00 元

版权所有　　翻印必究　　·　　印装有误　　负责调换

前 言

为实现"碳达峰"与"碳中和"目标，我国持续深化能源供给侧结构性改革，努力推动光伏产业发展。光伏因其具有零排放和可再生优势，被认为是实现"能源—经济—环境"协调、可持续发展的重要举措。然而，我国光伏发展面临着政策设计不完善、供应链决策不科学等主要问题。本书基于实际光伏供应链结构，选取政府、光伏承建商、电力企业和居民为主要研究对象，将相关光伏政策分为补贴政策与惩罚政策。进而按照时间顺序展开，首先从光伏正向投资周期视角出发，分别研究了政策补贴或政策惩罚对居民和电力企业最优策略选择的影响；其次从光伏逆向回收周期视角，探讨了废旧光伏回收过程中政策补贴对最优决策的影响。本书以博弈论和复杂系统理论为基础，通过构建政策干预下的光伏供应链重复博弈模型，分析了决策者的中长期博弈行为，从社会福利和投资人收益角度探讨了光伏政策对供应链中长期决策的影响。本书的主要研究结论以及创新性工作如下：

1. 本书在考虑居民的异质性光照时长下，研究了政策补贴居民视角下的光伏供应链策略选择，对比了上网电价政策和退税政策补贴对居民收益、光伏承建商利润的影响，给出政策最优实施策略。在上网电价政策干预下，构建了光伏供应链重复博弈模型，识别出决策者的保守与激进决策行为及其对应阈值。与已有文献结论不同，本书发现决策者自身的中长期平均收益可能因他人激进的决策行为而增加。

2. 本书在考虑电力企业的风险厌恶偏好和光伏发电间歇性下，探讨了度电补贴政策对电力企业和光伏承建商决策的影响，计算出光伏材料成本参数阈值，研究了风险规避偏好对电力企业投资收益的影响。基于实际数据给出了各决策者的中长期博弈策略演化路径，证实了现实中补贴政策出现退坡现象的合理性。此外，将模型扩展至考虑弃光情形，研究发现弃光会抑制光伏投资量、导致光伏定价降低，并迫使度电补贴水平升高。

3. 本书在考虑电力企业的火力发电与光伏发电双能源竞争下，构建了"政府—光伏承建商—电力企业"短期博弈模型，对比了实施与不实施配额制政策情形下各决策者的收益，给出不同情形下的最优策略选择建议。探讨了供应链成员的中长期光伏动态定价与投资策略，揭示了不同决策行为对中长期收益的影响。结果表明，在政策实施阻力较小时政府应尽快提升光伏发电配额比例；此时电力企业即使无法完成规定的配额要求，也应增加光伏投资安装量。

4. 本书在考虑光伏间歇性与光伏板衰减共同作用下，构建了废旧光伏回收供应链短期博弈模型，对比了实施与不实施研发补贴政策对光伏回收供应链决策的影响，研究了研发补贴对回收供应链最优决策的实施效果。基于有限理性假设，研究了决策者中长期决策行为对平均收益的影响。结果表明，光伏投资人对风险厌恶的提升会降低光伏承建商对回收技术研发的积极性，并降低回收价格。

最后，我要感谢每一位即将翻开这本书的读者，是你们的热情和好奇心，让这一切努力变得有意义。我期待着与你们在书页间相遇，共同开启一段探索旅程。

许天桐

2025 年 4 月

目 录

第 1 章
绪 论 —— 001
    1.1 研究背景和研究意义 …… 002
    1.2 国内外研究现状 …… 008
    1.3 研究内容和技术路线 …… 016
    1.4 本书的创新点 …… 021

第 2 章
相关理论基础 —— 023
    2.1 博弈论基础 …… 024
    2.2 复杂系统理论基础 …… 028
    2.3 混沌控制理论基础 …… 038
    2.4 本章小结 …… 041

第 3 章
政策补贴居民视角下的光伏供应链博弈研究 —— 043
    3.1 问题背景 …… 044
    3.2 模型描述与基本假设 …… 045
    3.3 上网电价补贴政策下的光伏供应链短期博弈模型 …… 048
    3.4 退税补贴政策下的光伏供应链短期博弈模型 …… 055

3.5 政策比较 …………………………………………………… 060
3.6 上网电价补贴政策下的光伏供应链中长期博弈模型 ……… 062
3.7 本章小结 …………………………………………………… 071

第 4 章
政策补贴电力企业视角下的光伏供应链博弈研究 —— 073

4.1 问题背景 …………………………………………………… 074
4.2 模型描述与基本假设 ……………………………………… 075
4.3 度电补贴政策下的光伏供应链短期博弈模型 …………… 077
4.4 度电补贴政策下的光伏供应链中长期博弈模型 ………… 083
4.5 数值分析 …………………………………………………… 088
4.6 考虑弃光情形下的短期博弈模型 ………………………… 100
4.7 本章小结 …………………………………………………… 103

第 5 章
政策惩罚电力企业视角下的光伏供应链博弈研究 —— 105

5.1 问题背景 …………………………………………………… 106
5.2 模型描述与基本假设 ……………………………………… 107
5.3 不实施配额制惩罚政策下的光伏供应链短期博弈模型 … 110
5.4 实施配额制惩罚政策下的光伏供应链短期博弈模型 …… 112
5.5 配额制对光伏供应链博弈的影响研究 …………………… 118
5.6 配额制政策干预下的光伏供应链中长期博弈模型 ……… 123
5.7 本章小结 …………………………………………………… 130

第 6 章
政策补贴光伏承建商视角下的光伏回收供应链博弈研究 —— 131

6.1 问题背景 …………………………………………………… 132

6.2 模型描述与基本假设 ……………………………………… 134
6.3 研发补贴政策下的废旧光伏回收短期博弈模型构建 ………… 138
6.4 废旧光伏回收供应链博弈模型解析 ………………………… 142
6.5 研发补贴政策下的光伏供应链中长期博弈模型 …………… 149
6.6 本章小结 …………………………………………………… 156

第 7 章
总结与展望 —— 157

7.1 总结 ………………………………………………………… 158
7.2 展望 ………………………………………………………… 161

参考文献 ……………………………………………………………… 163
后记 …………………………………………………………………… 178

第1章
绪 论

1.1 研究背景和研究意义

1.1.1 研究背景

随着全球工业化的迅速发展，传统化石能源的消耗与日俱增，引发了碳排放剧增、生态恶化和能源安全等问题。因此，多国均提出了各自的可再生能源发展战略。光伏发电作为可再生能源的重要组成部分，被认为是解决"能源—经济—环境"协调发展问题的重要举措。光伏发电也因其零排放的优势，在世界各国迅速发展。德国自2000年颁布且不断完善了《可再生能源法》，从法律的角度规范和支持了光伏投资行为。美国实施的"千万太阳能屋顶计划"等相关项目与政策有效地助推了光伏系统的装机容量。我国自1997年开展"中国光明工程"计划以来，通过各项政策推动光伏发电持续发展，努力促进光伏产业转型升级。可以看出，为缓解碳排放对生态环境的影响，走出用能短缺困境，世界各国都在加快光伏产业新赛道布局，迈向低碳可持续的发展道路。

近些年来，我国经济发展不断迈向新的高度，同时面临新的发展要求。为实现低碳转型的宏伟目标，我国亟待解决可再生能源政策设计不完善、能源结构待升级优化等问题。党的十九届六中全会公报中明确提到，党中央以前所未有的力度抓生态文明建设。"十四五"规划同样阐明了"碳达峰"和"碳中和"目标的实施路径，体现了党中央、国务院对生态文明建设与低碳转型坚定不移的态度。在具体政策层面，为促进产业发展，我国已经逐步形成了相关法律法规，如《中华人民共和国可再生能源法》，以及其他相关标准规范、助推措施等。可以看出，我国在光伏发展政策的道路上不断探索，持续优化政策法规以加快光伏产业发展步伐。

在光伏产业层面，我国自 20 世纪 90 年代以来经历 30 多年的发展历程，已成为光伏应用大国，取得了辉煌的成绩。图 1-1 绘制了从 2000—2020 年世界主要国家的累计光伏装机容量的堆积图。从图中可以看出，德国早期光伏发展十分迅速，然而在经历了高速发展期后，其累计装机量增长趋于稳定。美国、日本在早期的增速不及德国，但累计装机量保持增长趋势。我国光伏产业发展虽起步稍晚，但可以看到在近十年以来发展十分迅猛，光伏装机量增速处于世界前列。

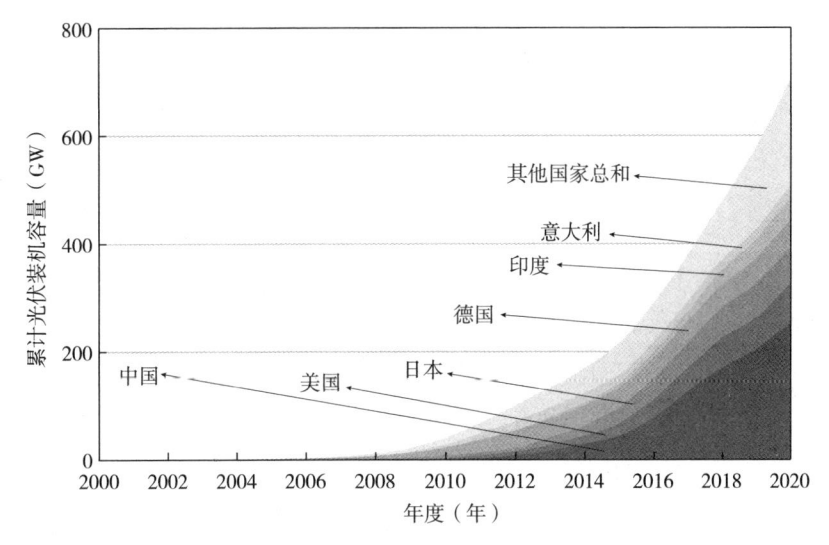

图 1-1 世界各国累计光伏装机容量的堆积图

我国光伏产业发展已经取得了丰硕的成果和实践经验，并且具有良好的发展前景。然而，我国光伏发展也面临诸多挑战与困难。在政策层面，光伏发展存在过度依赖补贴驱动等问题，补贴缺口不断扩大。相关政策的设计及调整机制需要进一步完善，政策的可持续性有待提升。在运营和商业模式层面，目前主要有"自发自用""余电上网"以及"全额上网"模式，这些模式在不同方面均存在一定劣势。目前，运营和商业模式存在创新驱动力不足问题，亟须模式创新以弥补当前不足。此外，太阳能光伏系统的回收问题同样值得关注。由于光伏累计装机容量增长迅速，但光伏板的使用寿命普遍在 25—40 年甚至更久，因此未来世界范围内会出现大批超过设计年限的太阳能光伏板。废旧光伏板可能影响当地生态系统，造成土壤、地下水和空气等生态环境污染。本书主要围绕与光伏政策、供应链运营和决策相关的课题展开研究，为我国生态文明建设、低碳转型和"双碳"目标的实现提供理论支持。

光伏项目按照时间顺序可被分为正向投资周期和逆向回收周期，图 1-2 梳理了供应链主体与结构。其中，箭头表示信息传递或物料流动方向。政府、光伏承建商和投资人为本书的研究对象；原材料供应商、零部件制造商在虚线框内，不在本书的讨论范围之内。

在光伏正向投资周期中：①政府制定和实施补贴政策、惩罚政策；②原材料供应商负责生产或再生产出光伏系统所需基础原材料；③零部件制造商将原材料加工为光伏系统所用零部件；④光伏承建商按投资人需求设计光伏系统，将光伏零部件组装成合格的光伏发电系统；⑤投资人决定光伏投资量，运营已调试好的光伏系统且获得相应收益。

在光伏逆向回收周期中：①政府制定、实施补贴政策；②当光伏系统折旧损耗过高或超过设定年限后，废弃光伏板可被承建商回收处理，循环利用后最终形成光伏供应链闭环。

在明确了本书研究对象与供应链结构的基础上，进一步按照政策实施性质，将现有光伏政策分为补贴政策与惩罚政策。前者注重政策助推作用，政策对象包括供给侧和需求侧在内的全部光伏供应链成员；后者更加强调从供给侧（电力企业）惩罚未能完成政策要求的成员。表 1-1 总结了实际光伏政策与实施对象的关系。基于表 1-1 中的研究内容，本书核心章节按照时间顺序展开，故依次研究政府对居民、电力企业、光伏承建商实施政策干预下的最优策略选择及政策影响。

基于以上光伏供应链政策与结构的实际背景，本书拟解决如下关键问题：

（1）从政策补贴居民角度出发，研究居民上网电价政策和退税政策的

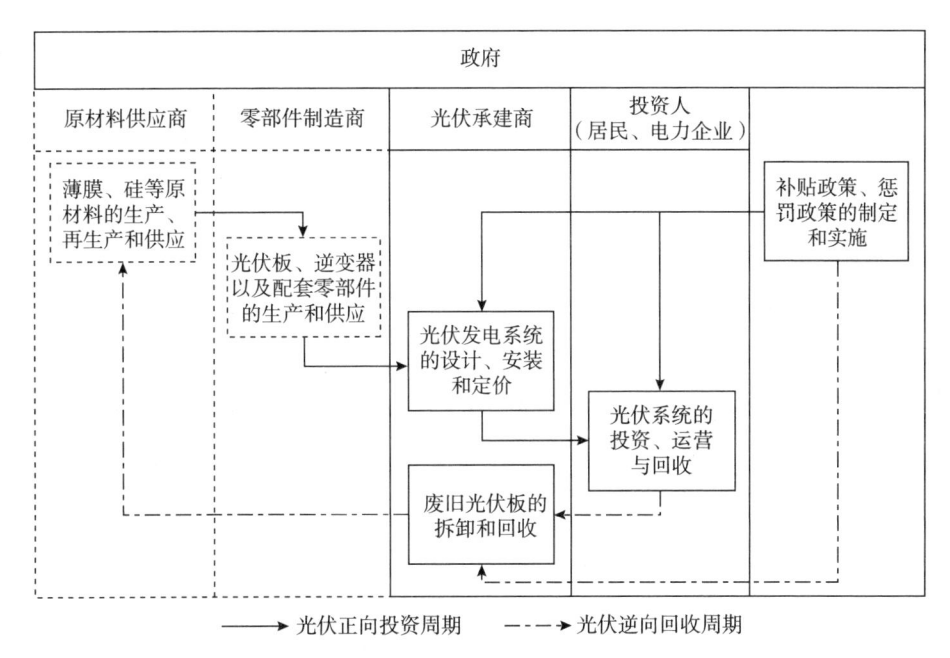

图 1-2 光伏供应链主体与结构

设计与助推效果比较问题，比较两政策对博弈策略选择的影响，分析政策对社会福利和光伏供应决策者收益的影响，给出合理化政策建议。

表 1-1 本书的研究对象与相关政策分类

周期	研究对象	政策	
		补贴政策	惩罚政策
正向投资周期	居民	√	—
	电力企业	√	—
逆向回收周期	光伏承建商	√	—

注："√"表示本书所研究的实际政策；"—"表示非主要的或实际中不存在的政策。

（2）从政策补贴电力企业角度出发，研究电力企业度电补贴政策设计与最优策略选择问题。探究度电补贴政策下光伏承建商如何制定最优光伏板价格，以及电力企业如何制定最优投资规模。此外，随着弃光现象日渐频发，本书还考虑弃光现象对供应链最优决策的影响。

（3）从政策惩罚电力企业角度出发，研究电力企业能源供给侧结构性改革过程中的可再生能源配额制设计问题。研究面对供给侧能源结构转型的挑战以及可再生能源的高速发展趋势，如何设计有效的助推政策的问题。比较不同政策对博弈策略选择的影响，分析其对社会福利和光伏供应决策者收益的影响。

（4）从政策补贴光伏承建商角度出发，研究废旧光伏系统回收过程中的研发补贴政策设计问题。面对未来不断增长的废旧光伏板规模，本书认为当下亟须研究废旧光伏回收问题。需探讨光伏承建商如何制定废旧光伏回收研发计划，如何给投资人提供合理废旧光伏回收报价；需研究投资人应如何最优地处理废旧光伏系统。

相较于一般产品，光伏系统自身使用年限可长达几十年，因此除以上所列短期博弈问题，还需从中长期博弈视角出发展开研究。本书所涉及的中长期概念以年为单位，一般称1年以下时间为短期，1年及以上为中长期。综上，还需研究不同政策下光伏供应链决策者如何动态调整最优决策，决策行为特征如何，决策行为特征将如何影响系统稳定性。

1.1.2 研究意义

从全球层面出发，本书为解决能源枯竭和改善生态环境问题提供新的研究和管理思路。人类往往过度开发使用煤、石油等化石能源。作为不可再生能源，化石能源的快速消耗不仅加速了能源的枯竭速度，使未来全球面临能源危机，还会产生大量的温室气体和其他有毒有害气体，引发一系列环境污染问题甚至引发极端天气灾害。与传统化石能源形成鲜明对比的是可再生能源，例如太阳能、风能、潮汐能以及生物质能等。此类能源因其可再生以及低碳的特点，被世界各国寄予厚望，用以解决能源危机、改善全球气候环境。因此，积极寻求可再生的、绿色环保的且具有经济效益的可再生能源这一议题，成为亟待解决的世界性问题。本书围绕光伏主题展开研究，其结论有助于解决上述关键问题。

从国家层面出发，本书为相关政策的制定提供理论依据，为实现"双碳"目标提供政策建议，有利于维护国家能源安全。我国是能源需求大国，同时也是化石能源进口大国。早日实现可再生能源结构转型，有利于构筑国家能源安全的护城河，降低特殊时期国际能源通道被切断后面临的威胁。不仅如此，由于我国在石油、煤炭等大宗商品的国际定价权方面一直处于相对弱势的地位，因此经常面临国外输入性通胀的压力。广泛投资并使用可再生能源可以从一定程度上削弱传统化石能源的进口压力。此外，自哥本哈根联合国气候变化大会192个国家商讨并签订削减温室气体排放以来，中国始终走在减少碳排放的前列。特别是在2020年，中国提出"二氧化碳排放力争于2030年前达到峰值，努力争取2060年前实现碳中和"的雄伟目标，即"碳达峰"与"碳中和"目标。中国将这一目标列入"十四五"规划中有关加快推动绿色低碳发展的内容，体现了中国为应对气候变化承担的大国担当。因此，为实现"2030碳达峰"与"2060碳中和"的"双碳"目标，有关光伏发电的研究与应用迫在眉睫。本书聚焦于不同补贴政策与惩罚政策对光伏产业发展的影响，研究结果有助于与低碳相关的宏观政策设计，旨在提升光伏的装机率与渗透率，维护国家能源安全。

从产业链层面出发，本书有助于光伏供应链上下游个体理解政策补贴助推机制、能源供给侧结构性转型升级路径，还可为运营管理战略提供理论支撑。近几年，我国累计光伏装机容量持续居于世界第一，呈现大规模迅猛发展的态势。然而，随之而来的问题同样不容忽视。例如，政府补贴剧增，财政压力增大，市场逐渐产生补贴依赖问题。具体来说，在财政预算有限的前提下，对不同装机时间的光伏投资人采取不同补贴费率来推进可持续的市场化发展，减少补贴量和补贴依赖。这种逐渐降低的补贴方式被称为光伏补贴"退坡"。然而，如何根据市场运行情况精准设定退坡速率，需要理论模型研究给予支撑。除此以外，大规模并网的分布式光伏将挑战电网稳定性。这势必将推动传统电力企业对其能源供给结构进行转型与升级。然而，能源供给转型不可一蹴而就，因此，需要科学制定升级转型方案。本书同时旨在解决电力企业可再生能源配额要求下光伏投资所面临的中长期运营管理问题。

1.2 国内外研究现状

在"双碳"目标背景下,面对能源供给结构不能完全满足可再生能源日益增长的需求现状,本书对我国可再生能源发展政策的制定机理和全时间周期下光伏供应链上下游运营决策及其行为特征进行深入研究。相关文献主要包含以下四个研究方向:

(1) 光伏相关政策研究;
(2) 光伏供应链投资运营研究;
(3) 光伏供应链回收运营研究;
(4) 复杂系统理论在经济管理中的应用。

1.2.1 光伏政策的研究现状

随着气候变化问题和低碳等议题的兴起,世界各国将目光聚焦于光伏等新兴可再生能源。由此,许多国家通过颁布不同的光伏发展政策进行了实践探索。通过近几十年的发展,许多政策相关问题的经验与教训被积累与总结。基于实际发展情况,许多学者也对光伏政策相关研究问题进行了研究总结。本节将按照不同实际政策进行划分,总结光伏相关政策的研究现状。

在众多可再生能源政策中,上网电价政策一直以来被认为比较具有发展前途,并被许多国家采用。Aflaki 和 Netessine 的研究以及 Aflaki 等的研究均对上网电价政策进行了基本介绍。具体而言,上网电价政策是由政府提前规定一个固定的光伏发电收购费率。电力企业购买光伏投资者产出的太阳能,并将太阳能并入电网。Bohringer 等在研究中提到,该政策较早起源于德国,并在助推德国光伏装机容量过程中起到了重要作用。Fouquet 和 Johansson 将视角扩展至欧洲,总结了各欧盟成员国之间支持政策的不同。Ye 等的研究提到,中国作为追赶者也从 2011 年开始颁布和不断调整上网电价政策,用以提高光伏渗透率。总而言之,上网电价政策已被证明是提高太阳能渗透率路径中十分有效的政策。然而在对该政策的研究过程中,也有研究人员意识到一个棘手的问题:对政府来说,制造商和消费者谁更应该成为被补贴的对象,其补贴效果如何?在已有文献中,Yu 等针对这一问题进行了深入研究。研究结果表明,政府可以对具有竞争关系的不同制造商进行补贴来提高消费者福利。与 Yu 等不同的是,Cohen 等针对消费者构建了需求不确定性下的补贴模型,并证明不确定性的增加会导致更高的产出和更低的价格。

退税政策(也称税收抵免政策)同样是光伏政策的重要组成部分。Coffman 等研究并估计了夏威夷地区太阳能退税政策的作用。研究结果表明,在夏威夷的单户居民预计需要多达约 1100MW 的光伏。Babich 等通过构建连续动态优化模型,比较上网电价政策和退税政策之间的不同影响。研究发现,在电价波动较大但投资成本稳定的国家,政府更应该支持上网电价政策。此外,Singh 和 Scheller-Wolf 着眼于分布式光伏的补贴机制设计,特别是退税政策补贴率设计。他们通过构建序贯博弈模型研究了政策设计部门面临的社会福利最大化问题,研究发现有效的补贴机制必须对投资人使用等级加以区分。

与本书类似,Kök 等构建了 Stackelberg 博弈模型,通过分析模型结果对比了固定电费策略与峰谷电费策略对可再生能源投资决策的影响。然而,研究并没有考虑可再生能源配额制政策(以下简称配额制)对能源投资决策问题的影响。区别于上文介绍的两种补贴政策,配额制可被视为一种强制性监管。它规定了电力企业的电力供给中至少有多少比例应该是可再生能源,和比例所对应的时间范围。目前,世界各国很多中央或地方政府都已经出台了配额制或与配额制性质相似的政策。例如,我国的"双碳"目标,规定到2060年前实现"碳中和"。美国多数州政府通过立法手段设立了配额要求,例如明尼苏达州规定,到2025年可再生能源消耗占比需提高至26.5%。在有关配额制政策的研究中,Barbose等考虑了温室气体排放及其影响,并对配额制政策的实施效果进行了评估。研究虽然未深入到美国具体州的配额制项目,但该研究的评估方法可以被各州所借鉴,用以评估配额制政策所带来的影响。蒋轶澄等的研究认为,我国应该分阶段落实配额制,或考虑"上网电价政策—配额制"双轨发展。类似地,很多学者针对配额制、投资等问题进行了深入研究。Young和Bistline以美国配额制为研究对象进行了实证分析。研究发现,与2016年为比较基准相比,设定50%的可再生能源配额目标可以实现不到50%的二氧化碳减排效果。

本书不仅讨论了光伏投资补贴政策与惩罚性政策的相关问题,还针对光伏回收问题进行分析。光伏回收属于闭环供应链管理的分支,其主要助推政策之一为研发补贴政策。Salim等总结了多种光伏回收的阻碍因素,并认为政府应当在光伏回收中制定相应的政策和监管机制,以促进研发新型高效的光伏回收技术。Tsanakas等也回顾了当前光伏回收中研发政策和商业模式方面存在的挑战。Kharaji Manouchehrabadi和Yaghoubi考虑了政府对供应商进行研发补贴,并通过构建Stackelberg博弈模型,给出各方的最优策略。但他们的模型中仅考虑了光伏供应商、光伏组装商和第三方物流,并未考虑政府。与Kharaji Manouchehrabadi和Yaghoubi采用模型分析的研究方法不同,Lapko等通过案例研究,揭示了光伏供应链成员之间的互动,以及竞争环境和技术投资等因素的重要性。

除上述光伏政策以外,其他政策还包括太阳能可再生能源证书政策(以下简称太阳能证书政策)、净计量等政策。太阳能证书政策的运行机制类似于我国在2017年7月1日推行的绿色电力证书。有关太阳能证书政策的研究可参考Burns和Kang的相关研究。净计量政策是通过安装双向的计量电表，来测算投资人正向消耗电网的电能或向电网反向输送太阳能的累计净值。Timilsina 等综述了包括但不限于以上世界主要的光伏政策及其发展，并总结了不同政策面临的各项挑战。

1.2.2 光伏供应链投资运营的研究现状

光伏供应链管理属于可持续供应链管理的分支。与本书相关的领域主要包括可再生能源投资和电力运营管理。Ahi 等详细地回顾了可持续供应链的有关文献，并构建了一个可持续供应链绩效的综合评估模型。同样基于可持续供应链的研究主题，Su 等聚焦二手产品研究闭环供应链，构建了三个 Stackelberg 博弈模型。研究表明，零售商希望供应链结构是闭环的。同样针对闭环供应链结构进行研究的学者还有 Su 等，其研究建立了两阶段闭环供应链博弈模型，并为企业和政府提供回收决策支持。

从可持续供应链细分到光伏供应链，Chen 和 Su 构建了两条平行且相互竞争的光伏供应链。结果表明，在没有补贴的情况下集中决策可以最大化社会福利。Dehghani 等在考虑了环境不确定性下，创建了一个两阶段光伏供应链优化模型，得到相关管理学启示。与本书相似，Chen 和 Su 从客户的角度研究了光伏供应链博弈问题，并考虑了一种策略型客户。通过求解模型的纳什均衡解，研究发现补贴政策会导致光伏市场的产能过剩问题。

在所有权的视角下，Guajardo 讨论了在美国安装太阳能系统时，有关直接所有权和第三方所有权的相关问题。结果表明，第三方所有权光伏系统大约比直接所有权光伏系统的产出高 4%。Geall 等研究了我国太阳能扶贫计划中存在的相关问题，探究了实施太阳能扶贫计划的限制因素。

许多文献通过优化理论中的成本最小化来研究可再生能源投资问题，并且往往会一同考虑间歇性和碳排放等因素。间歇性即产出的不确定性，导致能源供给的波动。Wu 和 Kapuscinski 考虑了可再生能源发电的间歇性，构建了马尔可夫决策过程。研究详细阐述了如何调度可用发电机的发电量，以及为何适当地限制可再生能源输出功率反而可以获得经济效益。与 Wu 和

Kapuscinski 类似，Hu 等也在模型中考虑了可再生能源的间歇性，并研究了不同能源结构下的可再生能源投资策略。Kök 等同样在考虑了间歇性的条件下，通过构建成本最小化的优化模型，研究了可再生能源从前期投资到运营过程中的多种能源供给调度问题。研究发现，从电力企业层面出发，间歇性问题可以通过天然气等能源来缓解。因此，低价的天然气有利于促进电力企业投资可再生能源发电。Algwaiz 等从电力市场竞争角度，研究了多种能源供给下的电力调度问题，其构建两阶段决策模型，发现减少间歇性发电可以增强市场竞争。此外，从政策的角度出发，Girotra 和 Netessine 等认为政府使用上网电价政策可以有效激励可再生能源投资。

此外，Davies 和 Joglekar 通过实证研究方法研究了太阳能供应链的整合、产品模块化和市场估值等问题。与常见的基于库存的供应链绩效研究观点不同，他们在研究中计算了企业网络的价值。除实证研究方法外，许多学者在构建电力市场博弈行为时运用了博弈论。也有学者运用了演化博弈理论，特别是有限理性下的决策演化机制，对电力市场进行深入研究。

1.2.3 光伏供应链回收运营的研究现状

光伏板的回收管理可被视为废弃物管理的一个分支，不同国家对废旧光伏板的处置政策不同。在早期，一些国家首先重点关注如何对废旧光伏板进行界定分类的问题，即废旧光伏板属于危险废物还是非危险废物。例如，根据 Xu 等的研究，欧盟发布了废弃电气和电子设备指令①，并于 2012 年 7 月再次修改扩大涉及范围。修改后的范围囊括大量新产品类别，光伏板在此次修改中被归类为废弃电子设备。Gönen 和 Kaplanoğlu 阐述了作为欧盟成员国的土耳其，在为欧盟提供原材料和半成品方面发挥的主要作用。由于回收光伏可以降低成本，土耳其供应商的产品竞争力增强。然而，研究发现土耳其政府并没有迅速跟进欧盟的指令。在美国，很少有法规支持

---

① Waste Electrical and Electronic Equipment（WEEE）Directive（2012/19/EU）

特定的废物管理或光伏回收。Curtis 等指出，只有华盛顿州要求回收或再利用废旧光伏板。此外，作为发展中国家，泰国预计到 2030 年每年至少会产生 8000t 太阳能组件废物。Faircloth 等针对泰国光伏回收现状，发现泰国的光伏废物回收在经济上非常具有前景且有益环境。此外，Oteng 等从计量学的角度回顾了太阳能废物管理的趋势。研究不仅呼吁对相应法规进行更多研究，而且还介绍了作为替代传统光伏组件的另一种有前景的方式，即有机太阳能板的商业化方式。在我国，目前仅有少量学者呼吁关注废弃光伏对未来的威胁。如杨俊峰等在结合"双碳"目标下，分析了光伏发展的关键问题。

不同于对光伏板回收政策的研究，许多学者还专注于对太阳能回收技术的研究。Padoan 等根据工艺的不同，总结出三个主要的光伏回收路线：①机械处理工艺；②热处理工艺；③化学处理工艺。值得注意的是，化学处理工艺成本高，但最终产品的纯度高于机械处理工艺。然而，Gangwar 等仅比较了热处理和化学处理两种工艺来估计光伏材料回收的潜力。此外，Nevala 等对电动液压粉碎法与传统粉碎法进行了比较研究。研究发现前者可被用作回收废弃光伏板的直接替代解决方案。

1.2.4 复杂系统理论在经济管理中的应用

在经济管理领域中，存在多种不同的理论方法可以对运营管理相关问题进行研究，例如博弈论、优化理论、运筹学，以及动态规划等。然而，任何理论模型都会存在一定的优点与缺点。例如，博弈论可以很好地研究多个局中人博弈的均衡结果，帮助各方理解所面对的局势和应当采取的最优策略。与此同时，博弈论的缺点也很明显：该理论强调理性人假设，难以刻画现实中局中人的非理性决策。此外，该理论较多关注短期博弈结果，难以给出中长期博弈策略建议。基于以上事实，本书不仅利用经典博弈论对研究问题进行模型构建，还将结合非线性动力系统理论进行研究。复杂系统理论的特点是可以通过模型来研究局中人中长期博弈行为特征及策略演化路径。因此，本节将总结复杂系统理论在经济管理中应用的相关文献。

复杂系统理论可被应用于很多研究领域，例如 Elsadany 和 Matouk 通过该理论构建模型，研究生物的种群演化。随着近几十年动力系统理论的发展，该理论已经被广泛应用于经济与运营管理领域。朱彦兰等构建并研究了管理委托下的双寡头博弈动力系统。在考虑碳减排背景下，Lou 和 Ma 对家电供应链系统展开研究。研究表明，每个供应链成员都应该对价格和销售力度进行适当调整，以保持家电供应链系统的稳定。该理论为分析动力系统的稳定性提供了一种清晰有效的方法。此外，Ding 等通过构建离散动力系统，分析了异质性局中人假设下的投资问题，并发现系统出现失稳的原因可能是由倍周期分岔或 Neimark-Sacker 分岔引起的。不同于离散动力系统，Chen 等借助经典报童模型，构建了连续动力系统模型。研究结果表明，供应商可以分担市场不确定性的风险，促使零售商采取激进的订购策略。Mondal 同样构建了一个连续动力系统模型，来研究单个纵向供应链中的库存管理问题。

从供应链结构角度出发，许多学者针对不同类型的横向寡头博弈结构，利用复杂系统理论进行了模型构建。针对三寡头博弈问题，Tu 和 Wang 考虑了研发的作用，建立了一个两阶段动态博弈模型。结果表明，复杂动态博弈行为依赖调整速度参数，在特定参数下系统平衡点将失去稳定性。而 Matouk 等则考虑了一个四寡头复杂系统，发现了系统中的 Flip 分岔现象，该现象揭示了局中人行为的复杂性。拓展到两条平行供应链，Wu 和 Ma 构建了非线性供应链模型。研究发现调整速度的增加会导致供应链市场的 Flip 分岔。同样，在既考虑纵向供应又考虑横向竞争的供应链结构下，Xie 等考虑了随机需求，研究了由两家制造商和一家零售商组成的供应链混合捆绑策略。在纵向平行供应链结构下，Bao 等研究了在政府补贴政策下两条平行供应链的动态博弈问题。

从助推政策角度出发，大量学者对补贴政策进行了研究。Xi 和 Zhang 通过建立竞争性供应链博弈动力系统，分析政府补贴相关问题。与本书类似，该研究分析了博弈行为特征与中长期收益之间的关系。与 Xi 和 Zhang 针对横向市场竞争下异质企业博弈的研究不同，Zhao 等研究了制造和再制造之间的竞争问题。研究结果表明，政府补贴可以提高再制造产品的市场竞争力。Xu 和 Ma 抓住了已有文献中鲜有通过动力系统理论对不同政策之间进行比较的研究空白，研究比较了光伏供应链实行上网电价补贴政策和退税政策的利弊，发现动力系统中的分岔和混沌现象。另外，Liu 等研究了中国电动汽车行业的演化动态，比较了税收和补贴政策的不同，并进行了案例研究。文章通过分析混沌和奇异吸引子来展示局中人的复杂行为特征。此外，Elsadany 和 Awad 构建了混合双寡头动力系统博弈模型，研究了包含环境税的竞争市场博弈最优策略问题。综上所述，动力系统理论是分析中长期运营策略、行为特征和系统稳定性的重要工具。

1.2.5 现有文献评述

总结现有文献能够发现，能源供给侧结构的不合理与绿色可再生能源日益增长需求之间的矛盾，产生了经济和生态等方面新的发展要求。由于光伏发电能够在增加能源供给的同时帮助降低碳排放量，因此越来越多的学者开始参与到与光伏相关的问题研究中。本书主要在光伏政策、光伏运营管理以及理论模型等方面与现有文献相关，但仍可以看出已有文献存在一些研究空白。现将现有文献中主要的不足与待改进之处列举如下：

（1）现有文献虽研究了上网电价或退税政策对分布式光伏供应链决策的影响，但许多文献未考虑分布式光伏投资人之间的异质性，且忽略了光伏承建商在供应链中通过光伏定价所起到的重要作用。此外，少数文献对上网电价和退税政策的助推效果进行了比较研究，多数文献局限于分析单个光伏补贴政策对光伏投资过程中的决策影响。本书将在考虑分布式光伏投资人异质性的基础上，对实际光伏政策进行深入比较分析，填补以上研究空白。

（2）已有文献考虑了光伏发电的间歇性所导致的不确定性产出，然而鲜有文献在研究中探讨风险规避偏好对光伏投资/回收过程中决策者收益的影响。本书基于前景理论，刻画了光伏投资人在感知收益风险后的实际效用，分析了间歇性发电引起的不确定性对光伏投资/回收决策的影响。此外，已有文献较少考虑弃光现象对光伏供应链博弈结果的影响，本书将分析弃光现象对供应链成员决策的影响，弥补现有研究的不足。

（3）现有文献分析评估了配额制政策对经济、碳减排产生的影响，但少有文献考虑配额制政策下传统火电与光伏发电双资源竞争对光伏供应链决策的影响。此外，多数文献聚焦于短期供应链博弈策略研究，忽略光伏政策在重复博弈中对决策者中长期平均收益的影响作用。本书将有效结合博弈论和复杂系统理论，通过构建短期和中长期博弈模型研究所针对的研究问题，填补已有文献空白。

（4）已有文献从光伏回收的工程技术角度，分析了解决废弃光伏系统问题的路径，然而较少有文献从经济角度分析研发补贴政策对废旧光伏回收供应链决策的影响。此外，较少有文献在评估光伏产出过程中考虑到光伏板的发电衰减现象。本书在模型中考虑了光伏发电衰减现象，探讨了研发补贴政策对废旧光伏供应链决策者收益的影响，弥补以上研究的不足。

1.3 研究内容和技术路线

光伏政策可以激励或监管光伏产业发展，光伏产业发展可以增加光伏发电量，缓解碳排放对生态环境造成的负面影响。然而，光伏发电量的大幅增加也会影响现有能源供给市场结构，冲击电网运行的稳定性。为维护电网运行的稳定性，本书以博弈论和复杂系统理论为主要研究工具，以政府、光伏供应链核心企业和投资人为主要研究对象，探讨了光伏政策对供应链决策的影响。从短期博弈角度，运用博弈论构建政策补贴和规制下的光伏供应链博弈模型，通过对纳什均衡解的分析得到相应最优策略，研究政策对供应链成员决策的影响。从中长期重复博弈角度，运用复杂系统理论构建光伏供应链复杂系统模型，揭示光伏供应链中长期决策行为特征和内生博弈机理，阐述中长期动态最优决策调整方法。

本书的研究内容为第 3~6 章，核心章节所研究的内容随着光伏项目的时间周期顺序逐层递进。从时间周期视角出发，光伏系统从被投入使用到被回收再制造，分别经历了从上游到下游的正向光伏投资周期，以及从下游到上游的逆向光伏回收周期。在正向投资周期中，实际政策分为面向居民的上网电价补贴政策、退税补贴政策（第 3 章），以及面向电力企业的度电补贴政策（第 4 章）、配额制惩罚政策（第 5 章）。在逆向投资周期中，主要为面向光伏承建商的回收技术研发补贴政策（第 6 章）。两周期之间存在递进的逻辑关系，最终形成完整的"投资—回收—再制造"闭环，有助于实现光伏产业可持续发展。具体而言，本书各章节的内容如下：

第 1 章阐述了本书的实际研究背景和研究意义，指出研究的必要性，界定本书所涉及的太阳能光伏研究范围。首先从时间周期视角出发，介绍了本书的主要研究对象及供应链结构，对实际光伏政策进行分类，阐述了本书的研究边界，并指出目前我国光伏发展政策与供应链运营管理现状。其次从光伏可再生能源政策、光伏供应链投资、光伏供应链回收以及复杂系统理论在经济管理中的应用角度，对已有国内外文献进行综述，阐明政策需求、运营决策等方面的研究空白与不足。最后，针对发展存在的核心问题，本章介绍了全书的主要研究内容和结构，指出研究所采用的技术路线和主要创新点。

第 2 章介绍了本书相关理论基础，主要为博弈论与复杂系统理论。有关博弈论方面，介绍了博弈论的基本概念及基本分类情况。关于复杂系统理论，首先总结了该理论的发展历程，其次介绍了非线性离散动力系统稳定性的基本判据——朱瑞判据。最后，分别阐述了复杂系统的动力学特征，介绍了分岔现象和混沌现象。相关理论的介绍奠定了本书的理论基础，指明研究所采用的理论知识，增强了本书的可读性。

第3章分别研究了上网电价补贴政策和退税政策下的太阳能投资问题。考虑了包括政府、光伏承建商和光伏投资居民。其中，由于电力企业为国有企业，因此将政府与国有电力企业视为一个整体进行决策。居民在不同政策下，分别采用"全额上网"和"自发自用，余电上网"模式。本章构建了两种政策下光伏供应链三方博弈模型，分别得出博弈的纳什均衡解。比较两种政策对居民分布式光伏渗透作用和企业发展助推作用的不同。另外，通过构建能够描绘中长期博弈行为的三维复杂系统，研究分岔与混沌决策行为对企业利润的影响。发现了与大多数已有文献不同的结论，即混沌并非总伤害企业利润。给出系统不动点以及不动点的稳定性条件，并计算出系统失稳的阈值条件。基于本章节的研究结果，总结了相关的管理学启示，为助推居民光伏视角下的两种光伏政策设计提供理论支持，为相关节点企业的最优运营策略提供有力的理论依据。

第4章研究了在度电补贴政策下的电力企业大规模光伏系统投资问题。研究首先考虑实际背景下光伏发电的间歇性，提出电力企业面对不确定性电力产出时具有风险规避偏好的假设。其次考虑社会效益、零部件供应成本、选址区域光照强度以及电价等外生变量，以政府、光伏承建商、电力企业为研究主体，构建了三阶段多方动态博弈模型。通过对模型的深入分析，为供应链各节点企业找出以光伏成本为阈值进行划分的最优纳什均衡策略。此外，构建了一个三维复杂系统，研究不同供应链成员在中长期决策时采取"保守"或"激进"行为特征对收益的影响，揭示了多方动力系统博弈的分岔与混沌现象。本章还提出了一种可行的混沌控制方法，可以将陷入混沌的决策行为调整回稳定状态。最后，以中国西昌市和美国奥兰多市为研究背景，利用实际数据将所提出的模型应用于该地区进行案例分析和对比。提出有应用价值的研究结论，展示了业界实际的应用前景。本章为考虑光伏间歇性情况下投资大规模集中光伏系统的可行性提供可靠的分析思路和方法。

第 5 章使用三阶段 Stackelberg 博弈模型，构建了配额制政策下传统电力企业的能源结构转型升级模型。为满足可再生能源配额监管要求，电力企业不能仅依靠传统能源，还需投资光伏。该模型囊括政府、光伏承建商和电力企业，分析了研究主体之间内在的博弈机理。对比了施行和不施行配额制政策下，电力企业与光伏承建商不同的最优决策方案，总结了配额制对电力市场上下游产生的影响。此外，通过复杂系统理论，构建了配额制政策下的"政府—电力企业—承建商"复杂决策动力系统。通过实际背景下各主体的决策演化分析，验证动力模型的可靠性，为配额制政策下电力企业与光伏承建商运营策略的制定提供科学的理论支撑。

第 6 章主要研究了当社会中出现大面积废弃光伏系统时，政府如何引导市场完成废旧光伏系统回收，最终实现生态环境保护的问题。本章聚焦于政府、光伏承建商和持有废旧光伏系统的居民，在考虑废旧光伏板发电不确定性前提下，考虑达到性能保证期后光伏板的发电性能随时间持续下降的实际情况，提出光伏投资人风险规避偏好假设。在此基础上，本章构建了光伏回收博弈模型，对比了政府采取补贴与不补贴两种情形下各供应链成员的收益情况。给出了最优补贴率、最优回收价格、最优研发努力程度以及最优回收量均衡解。构建光伏回收供应链复杂系统模型，给出不同维度下的不动点稳定性范围，揭示系统分岔与混沌行为的特征。此外，研究还发现中长期政策的实施效果非常依赖政策的初始设定情况。本章的研究能够帮助解决光伏性能退化下的大规模光伏回收这一非常具有前瞻性的问题，同时对企业研发和光伏回收决策具有实践帮助。

第 7 章总结了本书的研究结果，以及从结果中提炼的管理学启示、相关建议。此外，针对本书研究视角和模型假设的局限之处，展望了未来潜在的研究方向。

综合以上研究内容，本书的技术路线图如图 1-3 所示。

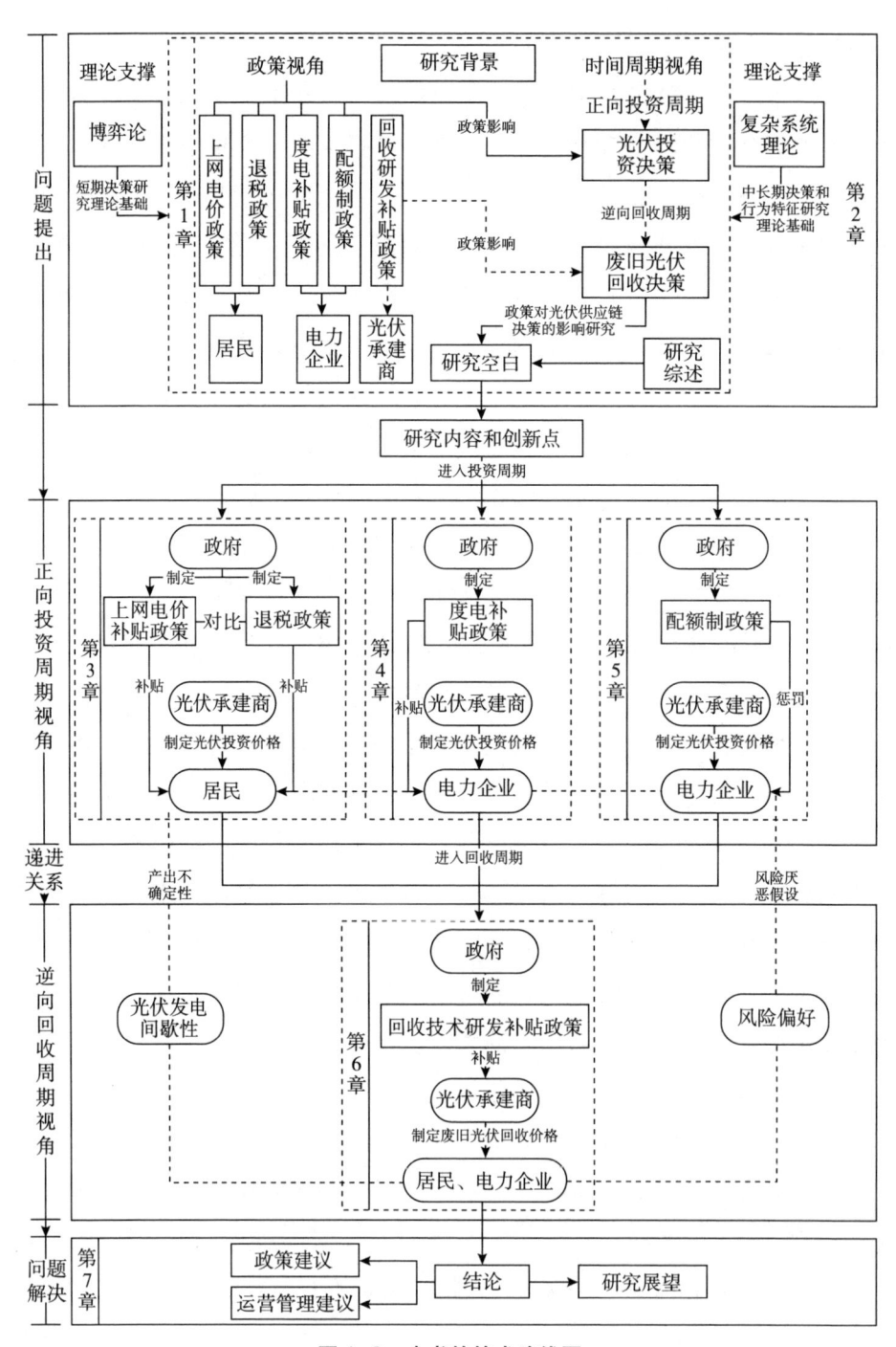

图 1-3 本书的技术路线图

1.4 本书的创新点

基于已有国内外文献和研究成果,本书的主要创新点如下:

(1) 发现了混沌下的复杂行为能够有益于其他成员中长期收益的可能性。而现有文献普遍认为,混沌将损害决策者中长期收益。因此,本书在混沌对系统影响研究方面弥补了现有研究空白。将居民光伏投资人的异质性引入光伏政策设计和光伏定价决策过程中,构建了基于光伏安装量决策的"政府—光伏承建商—居民"主从博弈模型,分析比较了上网电价和退税政策对最优决策的影响。识别出决策者在重复博弈过程中的保守与激进行为,给出区分两种决策行为的阈值,研究不同决策行为对中长期平均收益的影响。

(2) 在考虑光伏发电间歇性和投资人风险规避偏好下,构建了包括政府、光伏承建商和电力企业的主从博弈模型,探讨了度电补贴政策对光伏供应链决策的影响,给出光伏材料成本参数阈值,基于前景理论探讨风险规避程度对电力企业投资收益的影响。基于实际数据证实现实中补贴政策出现退坡现象的合理性,并扩展主从博弈模型至考虑弃光现象,研究弃光对博弈模型中决策者最优策略的影响。

(3) 将传统火电与光伏发电的双资源竞争引入光伏政策设计和光伏板定价决策过程中,构建基于光伏投资量决策的三级主从博弈模型,探究了配额制政策对光伏供应链决策的影响,对比研究实施与不实施配额制政策对决策者策略选择的影响。基于复杂系统理论,构造了光伏供应链重复博弈系统,探讨了决策者的中长期复杂决策行为和决策演化轨迹。

(4) 在考虑光伏发电间歇性与光伏板衰减的共同作用下,构建了废旧光伏回收主从博弈模型，从经济和环境双重视角出发，对比研究了实施和不实施研发补贴政策对废旧光伏回收最优策略的影响。在有限理性假设下通过构建重复博弈模型，研究各局中人中长期决策行为对中长期收益的影响。

第2章
相关理论基础

本章介绍了本书所涉及的主要研究理论，包括博弈论、复杂系统理论和混沌控制理论。作为经济管理领域重要的研究方法之一，博弈论以理性人假设为基础，运用数学模型对经济管理等领域中的问题进行刻画，并揭示研究对象间的利益关系以及最优策略。然而，现实生活中人们很难做到完全理性的决策，因此本书还引入复杂系统理论，对博弈中的非理性决策行为特征进行深入研究。

2.1 博弈论基础

2.1.1 博弈论的基本概念

博弈论（Game Theory）的历史十分悠久，早在中国古代，《史记·孙子吴起列传》所述的田忌赛马故事就体现了运用博弈论解决问题的思想。通过不断发展，该理论已经形成了相对完善的理论体系。在这一领域做出杰出贡献的学者有冯·诺依曼（Von Neumann）和摩根斯坦（Morgenstern），两人在1944年共同完成了著作《博弈论与经济行为》。该研究也在后来成为博弈论的理论基础。20世纪50年代初，美国数学家纳什（Nash）提出了著名的概念——纳什均衡。纳什首次证明了均衡解的存在性，对博弈论的发展起到至关重要的作用。

首先，需要明确博弈问题必须具备的基本要素，主要包括以下三点：

(1) 局中人（或称参与人）集合。局中人是指在一个博弈问题中，有权进行决策的个人或组织。一般而言，博弈问题需要有两个或两个以上的局中人参加。

（2）全部局中人的策略集合。局中人在博弈过程中能够采取的全部行动方案，即为策略集合。

（3）局中人的效用集合。当博弈问题中的全部局中人完成了各自的决策后，所获得的收益（或损失）为局中人在该决策下的效用。每个局中人全部可能获得的效用即为效用集合。值得注意的是，不同决策会对应不同的效用，由此形成局中人的效用函数。效用函数不仅与局中人自己的决策相关，同时还可以受其他局中人决策的影响。

基于以上概念，可以通过下式表示一个博弈问题：

$$G = [N, (X_i)_{i \in N}, (u_i)_{i \in N}] \qquad (2-1)$$

在博弈问题 G 中，$N \in \{1, 2, \cdots, n\}$ 为有限个局中人的集合，总局中人数量数为 n。X_i 表示第 i 个局中人的策略集，u_i 表示第 i 个局中人的效用函数。构建博弈模型后，一般需要求出该问题的纳什均衡解。纳什均衡是指当博弈达到该状态下，任意局中人都不会再试图改变自己的决策。

2.1.2　博弈论的分类

除前文所述基本要素以外，博弈论还包括信息掌握程度、行动顺序、理性程度等要素。根据不同要素，可将其划分为不同类型的博弈问题：

（1）若按照局中人数量划分，可以将局中人分为双人博弈和多人博弈，多人博弈是指局中人数量多于两人。

（2）按照策略性质划分，若所有局中人的策略集合均包含有限个策略，即称之为"有限博弈"；否则，称之为"无限博弈"。

（3）按照效用划分，可以分为零和博弈与非零和博弈。零和博弈是指所有局中人收益的总和为零，即获益者的全部所得来自损失者的全部损失，两方的收益严格对立。否则，称其为非零和博弈。

（4）按照某一局中人对其余局中人信息的掌握程度划分，可分为完全信息博弈和不完全信息博弈。前者是指每一位局中人清楚地掌握其他局中人全部的策略集、效用集和效用函数等信息。否则将其称为不完全信息博弈。

（5）按照行动顺序划分，可以分为静态博弈和动态博弈。静态博弈是指博弈中的全部局中人同时进行决策，没有先后行动顺序之别。而动态博弈是指局中人的行动有先后顺序，典型例子有 Stakelberg 博弈，也称主从博弈。

表 2-1 给出了以信息的掌握程度和行动顺序划分的博弈类型，及其所对应的均衡状态名称。有关表中详细的博弈概念，可参考 Fudenberg 和 Tirole 的经典著作《博弈论》，本章将不再展开介绍。

表 2-1 博弈的分类及其均衡状态

信息	行动顺序	
	静态	动态
完全信息	完全信息静态博弈 纳什均衡	完全信息动态博弈 子博弈精炼纳什均衡
不完全信息	不完全信息动态博弈 贝叶斯纳什均衡	不完全信息动态博弈 精炼贝叶斯纳什均衡

2.1.3 经典博弈模型

本节以经典的 Stackelberg 博弈模型为例，介绍如何运用博弈论刻画生活中的经济管理问题。该博弈模型是一种基于非合作的完全信息动态博弈模型，最早由海因里希·斯塔克尔伯格（Heinrich Stackelberg）于 1934 年在《市场结构与均衡》中提出。

考虑市场中存在两个相互竞争的寡头厂商，两个厂商生产销售同质产品，分别命名为厂商 1 和厂商 2。假设厂商 1 出于某种原因，是该行业的领导者。例如，厂商 1 的市场名气更大，是行业龙头企业。因此，厂商 1 首先

决定销售量 q_1。而厂商 2 市场地位不如前者，因此可被视为追随者。厂商 2 在观察到领导者制定的产量后决定自己的产量 q_2。综上，两个厂商的逆需求函数具有如下线性形式：

$$P(q_1, q_2) = a - b(q_1 + q_2) \quad (2-2)$$

式（2-2）中，$a>0$，为最大市场价格，$b>0$，为价格敏感系数，且两变量满足约束条件 $q_1+q_2<\dfrac{a}{b}$。假设两个寡头厂商具有相同的边际成本 c，结合市场价格式（2-2），两个厂商的利润函数可以表示为

$$\pi_i(q_i, q_j) = (a - b(q_i + q_j))q_i - cq_i, \quad i, j \in \{1, 2\}, \quad i \neq j \quad (2-3)$$

式中，$\pi_i(q_i, q_j)$ 代表厂商 i 的利润。

根据式（2-3），两寡头产量竞争的 Stackelberg 博弈模型具有如下结构：

$$\max_{q_1} \pi_1(q_1, q_2) = (a - b(q_1 + q_2))q_1 - cq_1$$
$$\text{s.t. } \mathrm{BRF}_2(q_1) = \mathop{\mathrm{argmax}}_{q_2} \pi_2(q_1, q_2) \quad (2-4)$$

式中，$\mathrm{BRF}_2(q_1)$ 为厂商 2 的最优反应函数（Best Response Function）。

根据逆向递归法（Backward Induction），首先求出主从博弈模型式（2-4）中追随者的最优反应函数，即求解一阶条件 $\dfrac{\partial \pi_2(q_1, q_2)}{q_2}=0$，可以得到

$$\mathrm{BRF}_2(q_1) = \frac{a - c - bq_1}{2b} \quad (2-5)$$

将式（2-5）代入式（2-4）中的 $\pi_1(q_1, q_2)$ 后，根据一阶条件 $\dfrac{\partial \pi_1(q_1)}{q_1}=0$ 求出厂商 1 的最优产量为 $q_1^* = \dfrac{a-c}{2b}$。将该产量代入式（2-5）中，最终得到厂商 2 的最优产量为 $q_2^* = \dfrac{a-c}{4b}$。为了帮助读者理解斯塔克尔伯格博弈模型的求解过程，本节绘制了图 2-1，展示了 Stackelberg 博弈模型的求解过程示意。其中，曲线为厂商 1 的利润函数 $\pi_1(q_1, q_2)$，直线为厂商 1 的最优反应函数 $\mathrm{BRF}_2(q_1)$。当博弈处于纳什均衡状态时，两函数相交且相切于最优解 (q_1^*, q_2^*) 处。

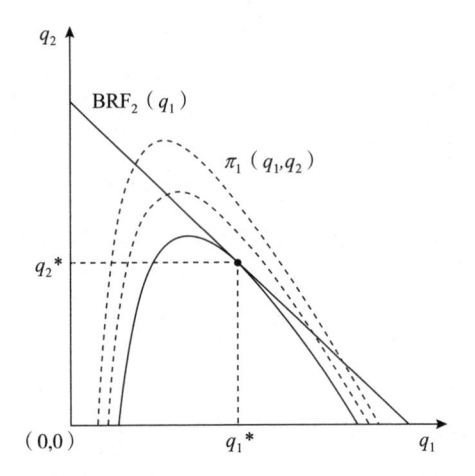

图 2-1　Stackelberg 博弈模型的求解过程示意

2.2　复杂系统理论基础

早在 19 世纪，Poincaré 等学者就基于经典力学等理论提出了动力系统等相关概念。至 20 世纪下半叶，该理论的研究工作随着微分拓扑等理论的发展蓬勃兴起。复杂系统理论主要运用微分方程、差分方程等工具，描述连续或离散系统的状态、演化规律以及行为特征。由于经济管理系统的决策主体一般需要经过一段时间才进行一次决策调整，因此本节将着重介绍离散系统的相关内容。

2.2.1　系统稳定性

在生活中，人们经常遇到当平衡状态受到一个扰动后，系统能否重新回到稳定状态的问题。若在有限时间可以回到原稳定状态，则系统是稳定的，否则系统是不稳定的。例如，机械系统受到一定的外界冲击后其原有运动轨迹可能被扰乱,但运动轨迹也可能几乎不发生改变。在经济管理领域,当某商品供应链的上游原材料市场受到外部环境突发事件冲击后,下游市场的价格和需求出现剧烈波动。然而随着一定时间的监管调控和市场运作,市场可能重新回到稳定。这种由外界干扰形成的新状态可以用不同的系统初始值刻画,进而通过分析初值敏感性佐证系统的抗干扰能力。因此能够看出,人们希望研究系统的稳定性,评估系统的抗干扰能力。

为研究复杂经济现象与行为,考虑一个非线性离散动力系统,且该系统具有式(2-6)所示的差分形式:

$$x_{t+1} = f(x_t), \quad t \in N, \quad x \in R^n, \quad f \in (C^r)^n, \quad r \geq 3 \tag{2-6}$$

式中,t 为迭代次数,$t=0$ 时为初始时刻;x_0 代表系统的初值;$f(\cdot)$ 代表迭代变换函数;N 为自然数集;n 代表维度;R^n 代表维度为 n 的实数集;C^r 代表具有 r 阶连续导数的函数集。

定义 2.1 称集合 $O\{x_0, f(x_0), f^2(x_0), \cdots, f^k(x_0), \cdots\}$ 是系统(2-6)以 x_0 为初值的轨迹。

定义 2.1 描述了系统(2-6)从初值 x_0 开始迭代的运动轨迹。一般而言,获得非线性映射 f 轨迹的解析表达式极为困难。由此,可以通过研究系统在给定初值下运动轨迹的长期收敛特征,分析系统的局部稳定性。若系统参数处于特定范围内,导致迭代系统不收敛,则系统还可能出现极为复杂的相空间轨迹。

定义 2.2 若 $\exists t$ 时刻,$x(t) = x^* \in R^n$,使得 $f(x^*) = x^*$,则称 x^* 为系统(2-6)的 P-1 平衡点或不动点,其中 P-1 代表解的周期为 1。

有关非线性动力系统的 P-k 稳定点(周期为 k 的周期解)等相关概念

可参考王洪武以及张家忠等学者的文献著作。基于给定的系统不动点，可通过获取系统在稳定点的雅可比矩阵计算该矩阵的特征根，进而结合相应数据分析系统的稳定性。具体而言，首先计算系统（2-6）的雅可比矩阵如式（2-7）：

$$D_x f(x(t)) = \begin{bmatrix} \dfrac{\partial f_1}{\partial x_1} & \dfrac{\partial f_1}{\partial x_2} & \cdots & \dfrac{\partial f_1}{\partial x_n} \\ \dfrac{\partial f_2}{\partial x_1} & \dfrac{\partial f_2}{\partial x_2} & \cdots & \dfrac{\partial f_2}{\partial x_n} \\ \vdots & \vdots & \vdots & \vdots \\ \dfrac{\partial f_n}{\partial x_1} & \dfrac{\partial f_n}{\partial x_2} & \cdots & \dfrac{\partial f_n}{\partial x_n} \end{bmatrix} \quad (2-7)$$

假设系统（2-6）的 $P-1$ 不动点为 x^*，然后将不动点代入矩阵式（2-7）后，求出雅可比矩阵 $D_x f(x^*)$ 所有特征根的模长。进一步地，可以令该矩阵的特征多项式如下：

$$D(\lambda) = a_0 + a_1\lambda + a_2\lambda^2 + \cdots + a_{n-1}\lambda^{n-1} + a_n\lambda^n \quad (2-8)$$

令式（2-8）为零，求解方程后可得出该系统所有的特征根为 λ^i，$i \in \{1, 2, \cdots, n\}$。若所有特征根的模长都小于1，则系统的 $P-1$ 不动点 x^* 稳定。若存在任意一个特征根模长大于1，则该不动点不稳定。然而值得注意的是，当系统维度较高时，对特征根的求解往往较为困难。因此对多维离散动力系统，通常使用朱瑞（Jury）判据来分析不动点的稳定性情况。表2-2 给出了离散动力系统具体的 Jury 稳定性判据表。

表2-2　Jury 判据表

行数	λ^0	λ^1	λ^2	λ^3	$\cdots$	λ^{n-k}	$\cdots$	λ^{n-1}	λ^n
1	a_0	a_1	a_2	a_3	$\cdots$	a_{n-k}	$\cdots$	a_{n-1}	a_n
2	a_n	a_{n-1}	a_{n-2}	a_{n-3}	$\cdots$	a_k	$\cdots$	a_1	a_0
3	b_0	b_1	b_2	b_3	$\cdots$	b_{n-k}	$\cdots$	b_{n-1}	—

续 表

行数	λ^0	λ^1	λ^2	λ^3	...	λ^{n-k}	...	λ^{n-1}	λ^n
4	b_{n-1}	b_{n-2}	b_{n-3}	b_{n-4}	...	b_k	...	b_0	—
5	c_0	c_1	c_2	c_3	...	c_{n-2}	—	—	—
6	c_{n-2}	c_{n-3}	c_{n-4}	c_{n-5}	...	c_0	—	—	—
...	...	...	...	...					
$2n-5$	p_0	p_1	p_2	p_3	—				
$2n-4$	p_3	p_2	p_1	p_0	—				
$2n-3$	q_0	q_1	q_2	—					

其中，表 2-2 中的参数为：

$$b_k = \begin{vmatrix} a_0 & a_{n-k} \\ a_n & a_k \end{vmatrix}, k = 0, 1, \cdots, n-1。$$

$$c_k = \begin{vmatrix} b_0 & b_{n-1-k} \\ b_n & b_k \end{vmatrix}, k = 1, 2, \cdots, n-2。$$

...

$$q_0 = \begin{vmatrix} p_0 & p_3 \\ p_3 & p_0 \end{vmatrix}, q_1 = \begin{vmatrix} p_0 & p_2 \\ p_3 & p_1 \end{vmatrix}, q_2 = \begin{vmatrix} p_0 & p_1 \\ p_3 & p_2 \end{vmatrix}。$$

基于 Jury 判据表，该 n 维离散动力系统在不动点 x^* 处渐进稳定的充要条件需同时满足如下 3 个条件：

(1) $D(1) > 0$；

(2) $(-1)^n D(1) > 0$；

(3) $|a_0| < |a_n|$，$|b_0| > |b_{n-1}|$，$|c_0| > |c_{n-2}|$，$\cdots$，$|p_0| > |p_3|$，$|q_0| > |q_2|$。

此处以三维离散系统为例，简述由 Jury 判据得出的系统不动点稳定性的充要条件。首先，假定三维系统的特征方程具有以下形式：

$$D(\lambda) = A + B\lambda + C\lambda^2 + \lambda^3 \tag{2-9}$$

其次，根据 Jury 判据，得到如下三维离散动力系统稳定点渐进稳定的充要条件式（2-10）：

$$\begin{cases} 1+A+B+C>0 \\ 1-A+B-C>0 \\ 1-A^2>0 \\ (1-A^2)-(B-AC)^2>0 \end{cases} \quad (2\text{-}10)$$

2.2.2 分岔相关理论

本节主要介绍复杂系统分岔现象的定义、分类，并通过实际算例阐述复杂系统中分岔现象的复杂动力学特征。

分岔现象是由于动力系统的稳定性发生拓扑性变化所产生的现象。具体而言，该现象是指当参数变化以后，系统解的数目随之发生变化。分岔理论主要研究分岔现象产生的条件，以及由此产生的复杂动力学特性。本节讨论有限维度欧式空间 R^n 下的离散动力系统在映射中产生的不同类型分岔现象。考虑如下离散动力系统：

$$x_{t+1}=f(x_t,\mu),\ t\in\mathbb{N},\ x\in\mathbb{R}^n,\ \mu\in\mathbb{R}^l,\ f\in(\mathbb{C}^r)^n,\ r\geq 3 \quad (2\text{-}11)$$

式中，μ 为分岔参数。

假设当 $\mu=\mu^*$ 时，系统式（2-11）存在平衡点 x^* 使得 $f(x^*,\mu^*)=x^*$，且在该平衡点处的雅可比矩阵为 $D_x f(x^*,\mu^*)$。根据雅可比矩阵特征根模长的不同情况，可以将该系统的分岔情况分为以下三种：

（1）若 $D_x f(x^*,\mu^*)$ 存在任一特征根等于1，其他特征根的模长均不为1，则系统在平衡点处通常会出现 Fold 分岔；

（2）若 $D_x f(x^*,\mu^*)$ 存在任一特征根等于-1，其他特征根的模长均不为1，则系统在平衡点处通常会出现 Flip 分岔；

（3）若 $D_x f(x^*,\mu^*)$ 存在一对复共轭特征值 λ_0 和 $\bar{\lambda}_0$，且两特征值的模长均为1，其他特征值的模长均不为1，则系统在平衡点处出现 Naimark-Sacker 分岔。

本节将在特定参数下，以降维后的一维 Hénon 映射为例分析平衡点的

稳定性，并求解分岔现象出现时的参数阈值。该一维映射可表示为

$$f: x \mapsto 1-ax^2, \ x \in \mathbb{R}, \ a \in (0, +\infty) \tag{2-12}$$

根据定义2.2所述的不动点原理，系统不动点将满足

$$x^* = 1-a(x^*)^2 \tag{2-13}$$

对式（2-13）求解可以得到两个不动点，分别为 $x_1^* = \dfrac{-1-\sqrt{4a+1}}{2a}$ 和 $x_2^* = \dfrac{-1+\sqrt{4a+1}}{2a}$。然后，求出该映射导算子的表达式为

$$J = \left| \dfrac{\partial f}{\partial x} \right|_{x=x^*} = -2ax^* \tag{2-14}$$

将不动点 x_1^* 和 x_2^* 分别代入导算子式（2-14）中，得到 $J_1 = 1+\sqrt{4a+1}$ 和 $J_2 = 1-\sqrt{4a+1}$。根据分岔参数 a 的不同取值，可以分为以下两种情况。

（1）当 $a \in \left(0, \dfrac{3}{4}\right)$ 时：

对于不动点 x_1^*，有 $J_1 = 1+\sqrt{4a+1} \in (2, 3)$，此时不动点 x_1^* 不稳定；

对于不动点 x_2^*，有 $J_2 = 1-\sqrt{4a+1} \in (-1, 0)$，此时不动点 x_2^* 稳定。

（2）当 $a \in \left(\dfrac{3}{4}, +\infty\right)$ 时：

对于不动点 x_1^*，有 $J_1 = 1+\sqrt{4a+1} \in (2, 3)$，此时不动点 x_1^* 不稳定；

对于不动点 x_2^*，有 $J_2 = 1-\sqrt{4a+1} \in (-\infty, -1)$，此时不动点 x_2^* 不稳定。

由以上分析可以看出，当 a 等于 $\dfrac{3}{4}$ 时，系统处于分岔的临界位置，当 a 大于该临界位置后，系统从稳定状态发生 Flip 分岔。为更直观地展示系统分岔的动力学特征，绘制图2-2。

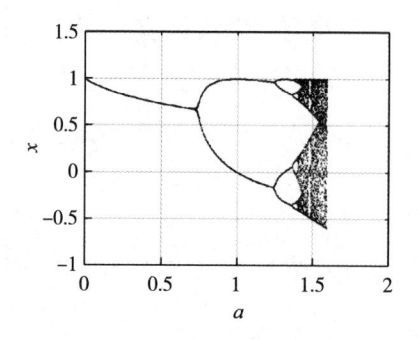

图 2-2　Hénon 映射分岔图

2.2.3　混沌相关理论

1. 混沌的概念及发展简史

早在中国古代的《三五历记》中，吴国人徐整就对混沌一词有所记载："未有天地之时，混沌如鸡子，盘古生其中，万八千岁，开天辟地，阳清为天，阴浊为地。"古希腊神话诗人赫西俄德在《神谱》中所述："万物之前先由混沌，而后生广阔之大地。"综上可见，古人将"混沌"理解为自然界中的某种状态，特别是事物起源之初的无序状态。

17 世纪后，牛顿经典力学体系逐步发展完善。在混沌现象被发现之前，人们通常将运动分为确定性运动和随机运动。包括牛顿（Newton）、拉普拉斯（Laplace）等学者在内的很多学者认为，可以通过数学工具对确定性运动构建模型来预测该运动在未来的状态。然而，随着混沌现象的发现，人们意识到确定性系统中也可能出现随机现象。这种观点已经脱离古人对于混沌的理解，开始从科学的角度研究这一复杂随机现象。1903 年，法国数学家庞加莱（Poincaré）从微分方程的角度提出了有关系统动力学的概念，也论述了混沌存在的可能性。

1963 年，美国气象学家洛伦兹（Lorenz）在研究伯纳德对流问题时发现了确定性连续 Lorenz 系统中的混沌现象，同时揭示了具有初值敏感性的

"蝴蝶效应"奇异吸引子。该系统后来成为最经典的非线性动力系统之一，其研究发现也被公认为混沌理论中里程碑式的发现。

1975年，在Lorenz系统被提出12年后，美国华人学者李天岩和美国数学家约克（Yorke）在论文中首次使用"Chaos"一词，给出了著名的Li-Yorke定理，并阐述了"周期三意味着混沌"的著名观点。该研究在混沌领域起到了极为重要的理论指引作用。

1976年，在Li-Yorke定理被提出一年后，美国生态学家梅（May）在著名学术期刊《自然》（*Nature*）上发表了另一个经典模型，即Logistic模型。该模型也被称作虫口模型，主要模拟刻画了昆虫繁殖的规律，并揭示了系统中的分岔和混沌特征。

1979年，美国物理学家费根鲍姆（Feigenbaum）发表了《一类非线性变换的定量的普适性》，提出了有名的费根鲍姆常数。文章中介绍的普适性以及标度性等概念夯实了混沌的理论基础。

1981年，仅过了两年的时间，美国的林赛（Linsay）首次运用实验的方法验证了费根鲍姆常数。

20世纪90年代，混沌控制理论在学术界逐渐成为研究热点，涌现出许多相关研究成果。近几十年以来，混沌理论不仅蓬勃发展，还与其他众多学科进行交叉融合，推动了其他科学领域的研究工作。如混沌理论在工程技术、保密通信、生物以及经济管理等领域的应用。

2. 混沌的性质

虽然有关混沌理论的研究已经在不同时期经历了长足发展，人们依然无法准确给出混沌现象公认的数学定义。然而即便如此，依然可以通过对混沌系统性质的分析来得到丰富的研究结果。

（1）有界性：混沌系统将一直在某一确定空间内运动，可称该空间为混沌吸引域。在该吸引域内无论混沌多么无序，系统轨迹始终不会脱离开该吸引域的范围，该性质即为混沌的有界性。

（2）遍历性：在无限时间内，混沌吸引域中混沌吸引子的运动轨迹不会自我重复和交叉，该特性即为遍历性。此特性可以被应用于全局搜索、系统辨识等实际问题。

（3）分维性：混沌运动轨迹在相空间内特定的行为特征。具体而言，不同于确定性运动，混沌运动轨迹在有限区域内经过无数次折叠，无法用整数表示该维数。可以用分数维数表示这种无限次的折叠，其体现为运动状态的多叶、多层结构和无限层次的自相似结构。该性质被称为分维性。

（4）初值敏感性：在特定参数下，当初值条件比较接近时，稳定系统的运动轨迹一般也很接近，但混沌系统的运动轨迹对初值具有很高的敏感性。即便初值的差别很微小，混沌系统的相邻轨迹也会按照指数率分离。该性质被称为初值敏感性。

（5）长期不可预测性：当系统受到外界干扰时产生随机特性。稳定系统在不受外界干扰的情况下，会表现出确定性的运动状态，即运动形式可以预测。不受外界干扰的混沌系统，其运动状态具有"随机性"，致使其运动状态长期不可预测。产生这种随机性的根源是系统自身的非线性因素。

3. 经典混沌系统

本节主要通过介绍两个经典混沌系统的混沌吸引子，展示混沌系统的复杂动力学特性，帮助读者更加深入地理解前文所介绍的混沌概念、性质等有关内容。所介绍的混沌系统分别为 Lorenz 三维连续动力系统和 Hénon 二维离散动力系统。

Lorenz 系统可用如下三维常微分方程表示

$$\begin{cases} \dot{x} = \sigma(y-x) \\ \dot{y} = rx-y-xz \\ \dot{z} = xy-bz \end{cases} \quad (2-15)$$

式中，x 代表对流强度；y 代表上升流和下降流的温差；z 代表温度垂直分布的非线性度。

式（2-15）中，取参数值 $\sigma = 10$、$b = 8/3$、$r = 28$。图 2-3 绘制了系统式（2-15）的混沌吸引子。图 2-3（a）展示了系统的轨迹呈现 8 字交叉形的复杂环绕运动形态；图 2-3（b）为 y—z 面的相轨线，也是闻名的"蝴蝶效应"图像。

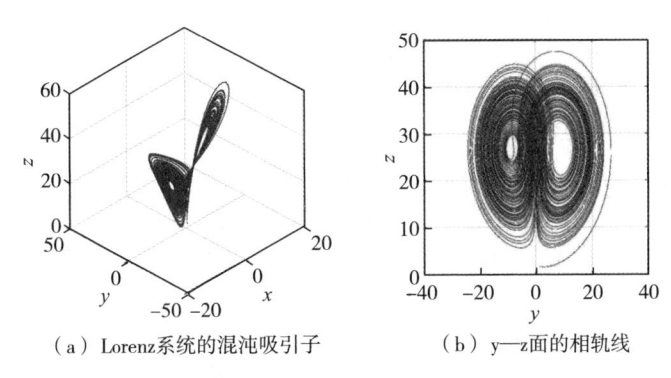

（a）Lorenz 系统的混沌吸引子　　（b）y—z 面的相轨线

图 2-3　Lorenz 经典动力系统的混沌吸引子

此外，法国天文学家 Hénon 提出了著名的 Hénon 映射。该系统的差分迭代方程可表示为

$$\begin{cases} x_{t+1} = 1 - ax_t^2 + y_t \\ y_{t+1} = bx_t \end{cases} \tag{2-16}$$

值得注意的是，当参数 $b = 0$ 时系统式（2-16）变为前文提到的一维非线性映射式（2-12）。此处，分析 $b \neq 0$ 时的 Hénon 映射系统，计算出系统式（2-16）的雅可比矩阵行列式为

$$J = \begin{vmatrix} \dfrac{\partial x_{t+1}}{x_t} & \dfrac{\partial x_{t+1}}{y_t} \\ \dfrac{\partial y_{t+1}}{x_t} & \dfrac{\partial y_{t+1}}{y_t} \end{vmatrix} = \begin{vmatrix} -2ax_t & 1 \\ b & 0 \end{vmatrix} = -b \tag{2-17}$$

对于该二维映射系统，当 $|J| = |-b| < 1$ 时，映射会收缩到吸引子。图

2-4绘制了当参数$a=1.6$、$b=0.2$时，Hénon系统在二维相空间下的混沌吸引子。可以看出，该吸引子在一个吸引域的边界内，且具有混沌动力学的复杂特征结构。

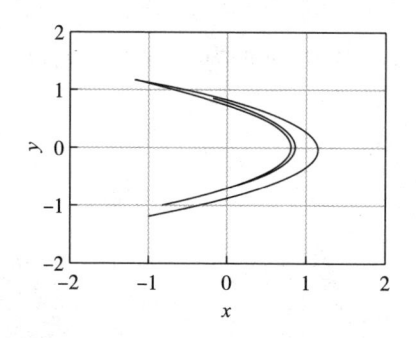

图2-4　Hénon系统的混沌吸引子

2.3　混沌控制理论基础

虽然混沌现象的相关研究日益完善，然而由于它的初值敏感和长期不可预测等特性，越来越多的人开始研究混沌现象究竟有益还是有害，以及是否有方法能够对混沌进行控制问题。经过近几十年来针对混沌控制相关问题的研究，人们逐步探索出多种不同的混沌控制方法，形成了混沌控制理论。本节将主要介绍三种混沌控制方法，即外力反馈控制法、离散系统的延迟反馈控制法和混合控制法。

2.3.1　外力反馈控制法

1990年，物理学家奥特（Ott）、格力博格（Grebogi）和约克（Yorke）首次提出了著名的OGY控制方法，该方法也可被视为混沌控制领域的第一次突破。继该方法被提出之后，人们通过研究大噪声条件下的动力系统，实现 OGY 方法的改进。其中，外力反馈控制法即为改进后的 OGY 控制方法。该方法同时也是自反馈连续控制法的重要分支之一。

非线性系统一般可以用非线性常微分方程或方程组来描述。这里假设研究前并不知道该方程或方程组的表达式，但可以通过实验方法测出系统的某输出量。如不施加任何控制，该系统的相空间中存在很多不稳定轨迹。选定一条中期轨道 $y_i(t)$，并为其设计一特殊的外部振荡器，即特殊信号周期发生器。一般而言，混沌系统中需要的周期信号均可以由特殊信号周期发生器生成，或该生成的信号与 $y(t)$ 成正比例关系。考虑一个具有差值形式的控制信号 $D(t) = y_i(t) - y(t)$，则微扰控制信号为

$$F(t) = K[y_i(t) - y(t)] = KD(t), \quad K > 0 \tag{2-18}$$

式中，K 是控制因子。

调节该控制因子，可以控制系统中的混沌现象，使其回到稳态。此时，输出信号 $y(t)$ 与 $y(i)$ 十分接近。外力反馈控制法的特点是，使用该方法时可以在任意时刻施加控制。然而该方法的缺点也十分明显，有时设计出合适的外部信号发生器并不容易。外力反馈控制法的基本控制思路如图 2-5 所示。

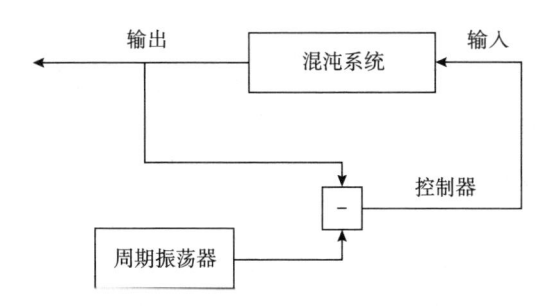

图 2-5 外力反馈控制法的基本控制思路

2.3.2 离散系统延迟反馈控制法

离散系统延迟反馈控制法是在连续系统时滞反馈控制（Time-Delayed

Feedback Control）被提出后发展出来的方法。考虑如下形式的离散系统：

$$x_{t+1}=f(x_t,\ u_t),\ t\in N,\ x\in R^n,\ u\in R^l,\ f\in(\mathbb{C}^r)^n,\ r\geqslant 3 \quad (2-19)$$

式中，x_t 为状态；u 为控制输入。

假设在不应用控制方法对该系统进行控制的情况下，系统 $x_{t+1}=f(x_t)$ 为混沌状态。同时该系统的不动点设为 $\bar{x}$，即 $\bar{x}=f(\bar{x},0)$。由此，系统式（2-19）在不动点 $\bar{x}$ 附近的线性化系统可表示为

$$\delta x_{t+1}=A\delta x_t+Bu_t \quad (2-20)$$

式（2-20）中，$\delta x_t=x_t-\bar{x}$，$A=D_x f(\bar{x},0)$，$B=D_u f(\bar{x},0)$。时滞反馈控制 u_t 为

$$\begin{aligned}u_t&=K(x_{t-1}-x_t)\\&=K(\delta x_{t-1}-\delta x_t)\end{aligned} \quad (2-21)$$

式中，K 是反馈增益矩阵，$K\in R^{n\times l}$。

若 x_t 趋近于 $\bar{x}$，u_k 会趋近于 0。此时，在该方法中，u_t 无须明确，系统不动点的优势便得以体现。

最后，将 $u_t=K(x_{t-1}-x_t)$ 代入式（2-20）中，可得

$$\begin{bmatrix}\delta x_{t+1}\\ \delta z_{t+1}\end{bmatrix}=\begin{bmatrix}A-BK & BK\\ I & 0\end{bmatrix}\begin{bmatrix}\delta x_t\\ \delta z_t\end{bmatrix} \quad (2-22)$$

式中，I 为 n 维单位矩阵，$I\in R^{n\times n}$。至此，系统式（2-19）在不动点 $\bar{x}$ 的控制问题即转化为系统式（2-22）在不动点 $x^*=0$ 的控制问题。综上，离散系统延迟反馈控制法如图 2-6 所示。

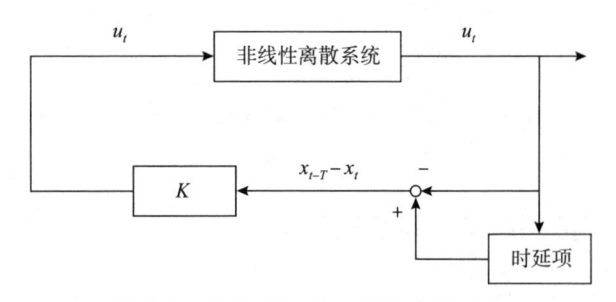

图 2-6 离散系统延迟反馈控制法示意

2.3.3 混合控制法

Flip 分岔是一种常见的动力学行为。本节将介绍能够有效控制离散系统中 Flip 分岔与混沌的混合控制法。与其他控制方法相比，该方法有很多优势：一是通过混合控制，非线性离散系统中的 Flip 分岔与混沌可以被滞后甚至被消除。因此，参数的稳定域得以扩大。二是混沌吸引子内的不稳定周期轨道可以被镇定。

此处考虑与前文中的系统式（2-11）相同的 n 维离散动力系统，且当分岔参数 μ 在某一特定范围内变化时，该系统出现 Flip 分岔并进入混沌状态。回顾一下，该系统的表达式如下：

$$x_{t+1}=f(x_t,\mu),\ t\in\mathbb{N},\ x\in\mathbb{R}^n,\ \mu\in\mathbb{R}^l,\ f\in(\mathbb{C}^r)^n,\ r\geqslant 3$$

可以通过施加混合控制使系统重新回到稳定状态。具体而言，施加混合控制后新系统的表达式为

$$x_{t+m}=\alpha f^{(m)}(x_k,\mu)+(1-\alpha)x_k \tag{2-23}$$

式中，α 为控制参数，$\alpha\in(0,1)$；$m\in\mathbb{N}$；$f^{(m)}(\cdot)$ 为映射 $f(\cdot)$ 的 m 次迭代。

若 α 为 1，则系统退化为原动力系统式（2-11）。新系统式（2-23）即为能够将分岔与混沌现象镇定回稳态的混合控制方法。该方法已经被广泛应用于已有研究中，特别是经济管理领域，例如 Wu 和 Ma 有关产量博弈的研究。

2.4 本章小结

本章主要介绍了本书所涉及的理论基础，包括模型构建中运用的博弈

论、复杂系统理论以及混沌控制理论的基本概念和方法，让读者能够更深入地了解本书的研究思路和实现路径。有关博弈论，本书主要运用Stackelberg博弈构建光伏供应链博弈模型。本章具体介绍了博弈的不同种类以及博弈的主要构成要素。有关复杂系统理论，由于该部分相比于博弈论更难理解，因此本章将其分为动力系统稳定性、分岔和混沌三个方面详细介绍。有关混沌控制理论，本章介绍了现有主要的三种混沌控制方法，有助于读者理解本书实现混沌控制的具体路径。

第3章
政策补贴居民视角下的光伏供应链博弈研究

3.1 问题背景

目前，对居民的补贴政策主要有上网电价政策（Feed-in Tariff，FIT）和退税政策（Tax-Rebate，TR）两种。上网电价政策起源于德国并推广至欧洲众多国家，目前是全球较流行同时也是发展较成熟的政策之一。具体而言，政府会提前公布一个明确的光伏发电回收费率，即 FIT 费率。然后，电力企业在运营过程中通过电网反向收购光伏投资人生产的太阳能。该政策便于光伏投资人估算光伏发电系统能够获得的长期收入，降低居民的投资风险。出于激励光伏投资的目的，FIT 规定的固定费率通常不低于居民用电价格。此外，居民有三种不同模式可选：一是居民将光伏系统所发的电全部卖回到电网中，即"全额上网"模式；二是居民光伏系统所发电量仅自己使用，并不连接电网，即"自发自用"模式；三是光伏投资人优先消耗自己生产的太阳能，仅当发电量多于用电量时将余电输入电网，即"自发自用，余电上网"模式。

退税政策被广泛应用于美国等国家，与上网电价政策不同，该政策会将一定比例的光伏投资金额以税收抵扣的形式退还给居民。政府需要权衡好退税率的高低，因为较高的退税比例虽然可以激发市场的积极性，但也会造成更大的财政压力。

居民所使用的光伏一般称为分布式光伏，是指安装在居民屋顶，在有光照的时候为居民供电的光伏系统。上网电价和退税政策均旨在通过补贴促进居民光伏投资，然而目前尚不明确哪一项政策的助推效果更佳。在现实中，由于位置、屋顶角度、遮蔽环境等情况不同，每个居民的太阳能资源禀赋是异质的。因此在政策实施过程中，居民的行为受光伏发电不确定性影响。但如果居民光伏项目的经济回报足够吸引人，居民则会根据自己的太阳能光照资源情况决定装机容量。此外，光伏承建商就像一座桥梁，将政府制定的政策与居民光伏项目的实施联系起来。光伏承建商在研究了政府颁布的政策后设定光伏板价格，然后将光伏板销售给居民。光伏承建商不仅需要理解光伏政策，还要仔细了解目标居民群体的光伏发电产出情况，制定合理的光伏价格。在考虑居民光伏发电的异质性条件下，本章将构建短期博弈模型，分别从政府、光伏承建商和居民的角度分析决策者的最优策略，比较上网电价政策与退税政策对最优策略选择的影响；还将构建重复博弈模型，研究决策者中长期的决策行为特征，以及不同行为对决策者中长期收益的影响。

3.2 模型描述与基本假设

3.2.1 供应链结构

本节针对上网电价和退税政策下实际光伏供应链中的博弈策略选择进行建模。首先，分别介绍两个光伏供应链博弈策略的结构。图3-1（a）展示了上网电价政策下的光伏供应链结构。考虑一个国有电力企业，该电力企业在决策过程中可以被视为政府的一部分。博弈的行动顺序为：先由政府公布上网电价补贴费率 F，该太阳能上网费率大于外生电力使用价格 r。然后，光伏承建商对自身组装的光伏产品定价。假设居民采用"全额上网模式"，且当居民看到光伏价格 p 后决定光伏安装量 q。图3-1（b）展示了退税政策下的光伏供应链结构。政府不再以固定费率补贴客户发出的每 $1kW\cdot h$ 太阳能，而是根据家庭投资光伏系统总成本的比例退税。在政府宣布退税比例 ϕ 后，承建商和居民再分别进行决策。两个博弈问题均符合

Stackelberg 主从博弈结构。

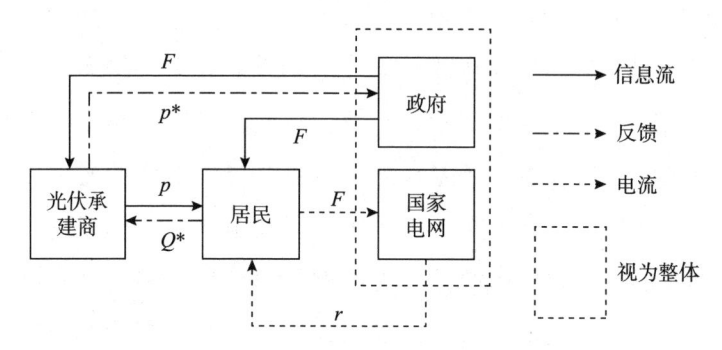

（a）上网电价政策下的光伏供应链结构

（b）退税政策下的光伏供应链结构

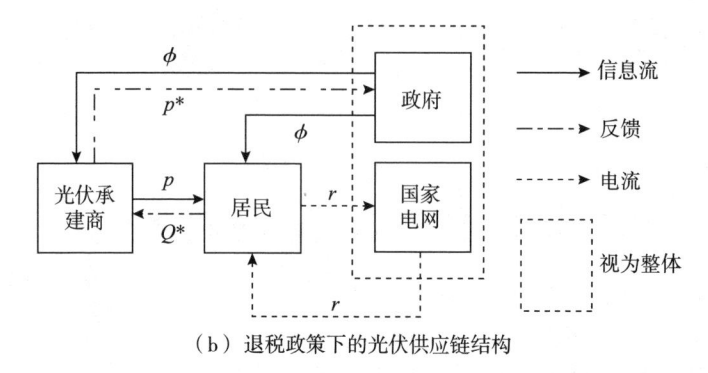

图 3-1　上网电价政策与退税政策下的光伏供应链结构

3.2.2　批发契约动态模型参数的影响分析

1. 供应链结构

表 3-1 总结了模型中所用到的符号、含义及单位。其中，脚标 G 和脚标 R 分别对应政府和光伏承建商，F、ϕ、p 和 q 为内生决策变量，其余为外生参数。

表 3-1　本章所用变量参数符号及含义

	符号	解释	单位[1]
变量	F	政府设定的上网电价率	€/(k·Wh)
	ϕ	政府设定的退税率	—
	p	光伏承建商设定的光伏板价格	€/kW
	q	居民光伏板安装量	kW
	π_G	政府的收益（净现值）	€
	π_R	光伏承建商的利润（净现值）	€
	CS_i	居民 i 的利润（净现值）	€
	Q	光伏系统总装机量	€/kW
	G	光伏系统总发电量	kW·h
参数	$i \in \{1, 2, \cdots, n\}$	第 i 个居民	—
	n	投资光伏系统居民的总人数	人
	θ	年有效光照时长	h
	ρ	贴现因子	—
	t	时间	年
	T	光伏系统的使用寿命	年
	η	空间占用成本系数	€/kW^2
	r	居民用电费率	€/(kW·h)
	b	光伏产业发展带来的社会收益	€/(kW·h)

[1] 模型以欧元为例设定货币单位；"—"表示该变量或参数无单位。

2. 基本假设

本章针对实际背景情况，提出如下假设：

（1）假设居民拥有异质的光照时长。太阳光照时长服从均匀分布，即 $\theta \sim U(\theta_1, \theta_2)$。令 $f(\cdot)$ 和 $F(\cdot)$ 分别为概率密度函数和累积分布函数。

（2）假设模型中的所有居民都会投资光伏项目。即使是太阳能光照时间最少的居民，其年光照时长仅为 θ_1，也会投资光伏。

（3）假设安装在居民屋顶上的光伏系统占用空间的边际成本随着光伏安装量递增。即使是拥有年光照时长为 θ_2 的光照时长最长的居民，也不会安装过多的太阳能板。

出于对光伏发电不确定性的合理考虑，假设（1）考虑居民异质的太阳能资源禀赋，居民的有效太阳光照时长因太阳能资源禀赋的不同而不同。该假设是对现实中太阳能的间歇性发电特性进行合理刻画。假设（2）和假设（3）能够将光伏项目的投资收益限定在一个合理的区间，且居民能获得非负的收益。就假设（2）而言，在现实中对太阳光照充足的地区进行研究更能够保证该假设的合理性。例如，美国加利福尼亚州南部和亚利桑那州的日照十分充足，因此很多居民选择投资光伏系统，居民的分布式光伏装机量均与日俱增。从假设（3）的角度出发，由于居民屋顶空间有限，安装的光伏板增加了维护难度还削弱了房屋的美观性，且一旦居民的安装量超出屋顶最大范围，还需要额外付出成本并制定特殊的解决方案。因此，模型定义了一个边际递增的成本，用以刻画增加光伏容量给居民带来的负效用。

3.3 上网电价补贴政策下的光伏供应链短期博弈模型

3.3.1 博弈模型构建

前面已介绍博弈顺序以及光伏供应链模型主从博弈结构。根据逆向递归法，应从博弈的跟随者开始反向分析求解。因此，本节将按照居民、光伏承建商和政府的顺序展开讨论。

第一，剖析居民所面对的光伏投资问题。对于任意居民，光伏系统投资的净收益可以用净现值（Net Present Value，NPV）衡量。该净收益由三部分组成：一是光伏系统在其使用周期内发电产生现金流的折现值，由 $\int_0^T e^{-\rho t} F\theta q dt$ 表示，$F\theta q$ 表示年发电收益。二是购买光伏系统的直接成本，用光伏单位价格乘以安装量表示，即 pq。三是在假设（3）中提到的光伏安装量增加产生的负效用，用 $\frac{\eta}{2}q^2$ 表示，$\eta>0$。综上，每位居民所面对的光伏投资问题如下：

$$\max_q CS_i = \int_0^T e^{-\rho t} F\theta q dt - pq - \frac{\eta}{2}q^2$$
$$= \frac{1-e^{-\rho T}}{\rho}F\theta q - pq - \frac{\eta}{2}q^2 \qquad (3-1)$$

为方便计算，定义式（3-1）中的参数项为 $A \equiv \frac{1-e^{-\rho T}}{\rho} > 0$。其中，$\rho$ 代表资金的时间价值。于是，居民 i 的收益等价于 $CS_i = AF\theta q - pq - \frac{\eta}{2}q^2$。值得注意的是，若该净现值为非负值，则居民 i 认为该投资能够获得收益，最终投资太阳能光伏系统。反之，居民则不会进行投资。

此外，为研究居民投资净现值函数的特征，进而计算该函数关于决策变量 q 的二阶偏导数 $\frac{\partial^2 CS_i}{\partial q^2} = -\eta < 0$。因此，$CS_i$ 在 q 上有极大值。对净现值函数求一阶偏导数并令其等于零，得到 $\frac{\partial CS_i}{\partial q} = 0$。求解该方程后即可得到居民 i 的最优反应函数（Best Response Function，BRF）如下：

$$q^{BRF} = \frac{AF\theta - p}{\eta} \qquad (3-2)$$

显然，式（3-2）表明，拥有更长日照时长的居民愿意投资更多的光伏板，且高上网电价可以刺激光伏安装量。此外，根据假设（2）可知居民的安装量不小于零，即 $q^* \geq 0$。将式（3-2）代入该不等式，很容易得到最低太阳光照时长的盈亏平衡点，即 $\forall \theta \geq \underline{\theta} \equiv \frac{2p+\eta q}{2AF} \in \mathbb{R}^+$。后文将对该结果进行深入讨论。

第二,讨论上网电价政策下承建商所面对的光伏定价问题。光伏承建商的净收益来自全部居民所安装太阳能板的销售利润,因此,首先需要统计光伏系统的总安装量。但由于光伏承建商并不清楚每个特定居民的安装量,仅知晓居民年光照时长服从均匀分布,因此需要对总安装量进行估计。在这里,以单个居民安装量的期望值$\mathbb{E}[q^{\mathrm{BRF}}]$乘以总居民数量$n$作为总安装量的估计。综上,总光伏安装需求$Q$可以表示如下:

$$
\begin{aligned}
Q = \mathbb{E}[q^{\mathrm{BRF}}] &= n\int_{\theta_1}^{\theta_2} f(\theta) q^{\mathrm{BRF}} \mathrm{d}\theta \\
&= \frac{n(AF(\theta_1 + \theta_2) - 2p)}{2\eta}
\end{aligned} \quad (3-3)
$$

承建商的边际利润是光伏板价格减去单位成本,即$(p-c)$。因此,承建商的利润最大化问题可以表示如下:

$$
\begin{aligned}
\max_{p} \pi_{\mathrm{R}} &= (p-c)Q \\
&= (p-c)\frac{n(AF(\theta_1+\theta_2)-2p)}{2\eta}
\end{aligned} \quad (3-4)
$$

类似地,在给定承建商的目标函数下,可以通过求解一阶条件$\frac{\partial \pi_{\mathrm{R}}}{\partial p}=0$得到光伏板价格的最优反应函数:

$$
p^{\mathrm{BRF}} = \frac{AF(\theta_1+\theta_2)+2c}{4} \quad (3-5)
$$

显然,光伏板的最优价格随着上网电价、边际成本等因素的增加而上升。

第三,讨论政府的上网电价政策设计问题。由于政府的补贴与光伏发电量有关,因此需要首先确定光伏的年发电总量G。此外,以单位家庭发电量的期望值乘以总人数来计算总电量,其表达式为:

$$G = n\int_{\theta_1}^{\theta_2} \theta q^* f(\theta) \, d\theta$$

$$= \frac{n(2AF(\theta_1^2 + \theta_1\theta_2 + \theta_2^2) - 3(\theta_1 + \theta_2)p)}{6\eta}$$

(3-6)

政府助推居民光伏项目的净利润主要与以下三个方面有关:社会效益、售电收入和对居民的光伏补贴。一是社会效益包含多种因素,例如环境因素。与化石能源相比,光伏发电可以大幅减少碳排放。此外,当出现极端天气威胁到电网安全时,太阳能可以帮助提升电网的可靠性。因此,可用参数 b 衡量上述对社会效益的边际收益。二是上网的光伏电力以零售价 r 通过电网销售给需要的居民。三是政府需要为其回购的每 $1\mathrm{kW \cdot h}$ 光伏电力支付固定费率 F。由于电力价格小于上网电价,因此政府对每 $1\mathrm{kW \cdot h}$ 光伏电力补贴后的边际净损失为 $(r-F)$。由此,政府收益的净现值可以表示为以上三种边际收益和边际成本之和乘以光伏总发电量,即 $\pi_G = \int_0^T \mathrm{e}^{-\rho t}(b + rF) G \, dt$。可以看出,电力企业可以被视为太阳能在投资光伏的居民之间转移的媒介。它一方面从居民投资的光伏系统中回购所生产的太阳能,另一方面又向有需求的居民出售电能。将式(3-5)和式(3-6)代入政府的净现值函数,能够得到政府的目标函数表达式如下:

$$\max_F \pi_G = \int_0^T \mathrm{e}^{-\rho t}(b + (r - F))G \, dt$$

$$= \int_0^T \mathrm{e}^{-\rho t}(b + (r - F)) \frac{n\{8AF(\theta_1^2 + \theta_1\theta_2 + \theta_2^2) - 3(\theta_1 + \theta_2)(AF(\theta_1 + \theta_2) + 2c)\}}{24\eta} dt$$

(3-7)

为证明均衡解的存在性,计算政府目标函数的二阶导数 $\frac{\partial^2 \pi_G}{\partial F^2} = -\frac{nA^2 B}{12eta} < 0$。其中,$B \equiv 5\theta_1^2 + 2\theta_1\theta_2 + 5\theta_2^2$。由此可知,存在能够使政府获取最大收益的最优上网电价费率 F^*。值得注意的是,上网电价费率 F^* 可以通过求解一阶条件 $\frac{\partial \pi_G}{\partial F} = 0$ 得出。

3.3.2 博弈模型构建

根据式（3-1）、式（3-4）和式（3-7）所描述的居民、光伏承建商和政府面对的问题，上网电价政策下光伏博弈模型可以表示如下：

$$\max_F \pi_G = \int_0^T e^{-\rho t}(b+(r-F))G\mathrm{d}t$$

$$\text{s.t.} \begin{cases} \max_p \pi_R = (p-c)Q \\ \text{s.t.} \ q = \underset{q}{\mathrm{argmax}} CS_i = \int_0^T e^{-\rho t} F\theta q \mathrm{d}t - pq - \frac{\eta}{2}q^2 \end{cases} \quad (3-8)$$

命题 3.1 在上网电价补贴政策下，光伏供应链博弈的均衡解为：$F^* = \frac{1}{2}\left(b+r+\frac{6c(\theta_1+\theta_2)}{AB}\right)$，$p^* = \frac{1}{8}\left(A(\theta_1+\theta_2)(b+r)+\frac{2}{5}c\left(\frac{24\theta_1\theta_2}{B}+13\right)\right)$，$q^* = (AB(4\theta-\theta_1-\theta_2)(b+r)+24c\theta(\theta_1+\theta_2)-2c(13\theta_1^2+10\theta_1\theta_2+13\theta_2^2))/(8B\eta)$。

证明：该命题可以很容易地通过联立式（3-2）、式（3-5）和一阶条件 $\frac{\partial \pi_G}{\partial F}=0$ 后，计算方程组的解而获得。

命题 3.1 给出了上网电价政策主从博弈的最优策略。在最优策略下，光伏供应链中各成员的利益能够达到最优。为了更直观地展示各成员的最优策略以及净收益如何随电价 r 的变化而改变，本节绘制了图 3-2。基于实际背景，数值分析中的参数取下列基准值：$T=20$，$\rho=0.1$，$\eta=40$，$\theta_1=1300$，$\theta_2=2000$，$\theta=1300$，$n=100$，$r=0.05$，$b=0.2$，$c=600$。以上网电价的取值为例，由于上网电价的合同时长通常为 20 年，因此本章在数值分析中取 $T=20$。图 3-2（a）绘制了在不同的电价下，居民的净现值随光伏安装量变化的关系。可以发现当采用均衡解策略时，各成员的净现值收益达到极大值。以图 3-2（a）为例，该曲线代表电费等于 0.025 €（欧元）时居民的净收益。类似地，图 3-2（b）和图 3-2（c）分别绘制了光伏承建商和政府的净收益变化情况。此外，在深入分析命题 3.1 后，还可以得到如下命题。

（a）居民投资利润

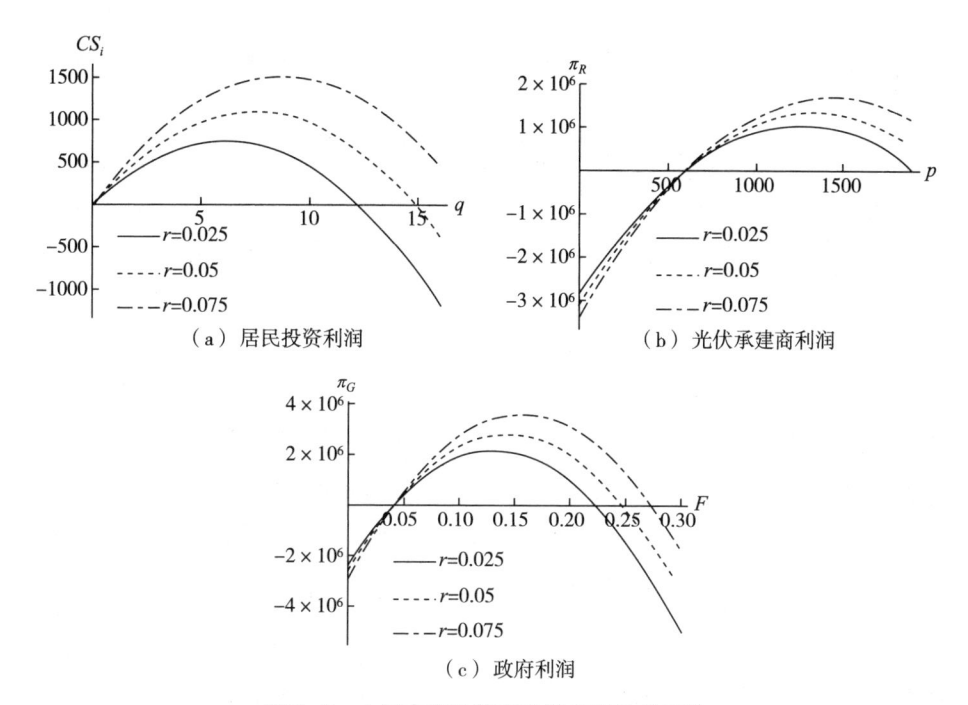

（b）光伏承建商利润

（c）政府利润

图 3-2　上网电价政策下决策者的收益函数

命题 3.2　在任何时候，最优上网电价 F^* 和最优光伏板价格 p^* 都将随着电价和外部社会效益的增加而上涨。然而，某一特定居民的最优光伏投资量 q^* 只与电价、外部社会效益和光照时间有关。此处，可定义光照时间阈值 $\hat{\theta} \equiv \dfrac{\theta_1 + \theta_2}{4} < \theta_2$。该阈值将居民的光照时长划分为高光照时长和低光照时长两种情况，用以揭示零售价格的变化如何影响最佳装机容量。具体而言：

（1）高光照时长情况：如果居民年光照时长 $\theta > \hat{\theta}$，则电价的上涨和社会效益的增加会促进光伏安装量。

（2）低光照时长情况：如果居民年光照时长 $\theta < \hat{\theta}$，则电价的上涨和社会效益的增加会减少光伏安装量。

证明：首先，计算一阶偏导数，有 $\dfrac{\partial F^*}{\partial r} = \dfrac{\partial F^*}{\partial b} = \dfrac{1}{2}$ 和 $\dfrac{\partial p^*}{\partial r} = \dfrac{\partial p^*}{\partial b} =$

$\frac{A(\theta_1+\theta_2)}{8}$,不难发现$\frac{\partial F^*}{\partial r}=\frac{\partial F^*}{\partial b}>0$以及$\frac{\partial p^*}{\partial r}=\frac{\partial p^*}{\partial b}>0$。然后,计算最优投资容量的一阶偏导数,得到$\frac{\partial q^*}{\partial b}=\frac{\partial q^*}{\partial r}=\frac{A(4\theta-\theta_1-\theta_2)}{8\eta}$。当$\theta>\hat{\theta}$时,有$\frac{\partial q^*}{\partial b}=\frac{\partial q^*}{\partial r}=\frac{A(4\theta-\theta_1-\theta_2)}{8\eta}>0$;当$\theta>\hat{\theta}<0$时,有$\frac{\partial q^*}{\partial b}=\frac{\partial q^*}{\partial r}=\frac{A(4\theta-\theta_1-\theta_2)}{8\eta}<0$。命题3.2证毕。

命题3.2表明,政策制定者和承建商在进行决策时都需要重视电价和社会效益的作用。如果当地电价较高且发展光伏带来的社会效益较高时,应提升补贴率、制定更高的零售价格。但是,从居民的角度看,其光伏安装量要根据自家屋顶的年光照时长制定。对于光照充足的家庭,当地电价越贵,该居民投资光伏系统越划算,因为该居民能够靠可观的太阳能收益对冲掉高额的电费。而对于光照不充足的家庭,则最好减少光伏板的投资。该命题不仅给出了定性分析,还计算出了光照时长的阈值$\hat{\theta}$。

(a)电价对均衡策略的影响

(b)社会效益对均衡策略的影响

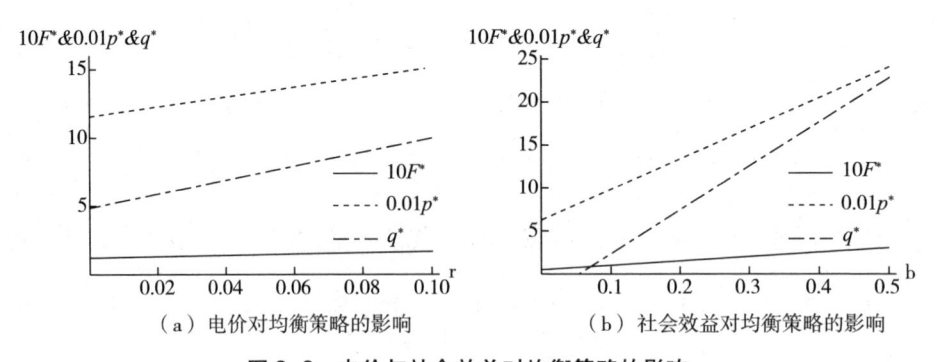

图3-3 电价与社会效益对均衡策略的影响

为了更直观地解释命题3.2,本节在基准参数下绘制了图3-3。可以计算出根据基准参数下的居民光照时长的阈值为$\hat{\theta}\equiv\frac{\theta_1+\theta_2}{4}=825<\theta=1300$。因此,该居民拥有较长的光照时长。从图3-3(a)可以看出,当地电费的上涨会促使上网电价、光伏板价格和光伏安装量上升。图3-3(b)同样展示

了在太阳光照时长充足的地方，三个决策变量都与社会效益成正相关。为了将三个变量画在同一张图中同时保证图像的可读性，在不改变函数内在特性的情况下，将上网电价 F^* 放大 10 倍，并且将光伏板价格 p^* 缩小到原值的 1%。

3.4 退税补贴政策下的光伏供应链短期博弈模型

3.4.1 博弈模型构建

本节将构建并分析退税政策下的光伏供应链博弈模型。首先，政府向全社会公布退税率；其次，承建商设定光伏板价格；最后，居民根据自身光照时长选择安装量。按照逆向递归法，仍然按照居民、光伏承建商和政府的逆向顺序进行分析。

第一，分析居民在退税政策下的光伏投资问题。与上网电价政策的"全额上网"不同，在退税政策下居民采用"自发自用，余电上网"的光伏输电协议，因此居民光伏发电的边际收益仅为正常电价 r。居民投资的全部收入为光伏发电的折现值，即 $\int_0^T e^{-\rho t} r\theta q \mathrm{d}t$。然后，分析居民在光伏项目中需要付出的成本。居民在该政策下投资太阳能设备后，政府会把一部分光伏投资金额以退税的形式返还给家庭，退税的比例为 $\phi \in (0, 1)$。由于居民的投资成本为 pq，因此，居民可以从政府获得的退税额为 ϕpq。综上，居民采购光伏板支付的实际成本为 $(1-\phi)pq$。此外，仍要考虑假设（3）中的成本项 $\frac{\eta}{2}q^2$。综上，居民投资光伏的净现值可表示如下：

$$\max_{q} CS_i = \int_0^T e^{-\rho t} r\theta q \mathrm{d}t - (1-\phi)pq - \frac{\eta}{2}q^2$$

$$= Ar\theta q - pq(1-\phi) - \frac{\eta}{2}q^2 \quad (3-9)$$

检验居民目标函数的二阶条件，得 $\frac{\partial^2 CS_i}{\partial q^2} = -\eta < 0$，所以居民在退税政策下的光伏项目投资收益净现值存在极大值。为了获取居民在最大化收益下的最优反应函数，令其受益的偏导数为零，即 $\frac{\partial CS_i}{\partial q} = 0$，解之可得

$$q^* = \frac{Ar\theta - p(1-\phi)}{\eta} \quad (3-10)$$

从式（3-10）很容易看出，太阳光照时间长的居民将安装更多的光伏板。此外，根据假设（2）中的条件 $q^* \geq 0$，可以得到投资光伏系统所需的最低光照时长为 $\theta \geq \underline{\theta} \equiv \frac{2p(1-\phi) + \eta q}{2Ar} \in \mathbb{R}^+$。

第二，分析光伏承建商的光伏定价问题。光伏承建商的边际净收益为每销售一单位光伏板获得的销售收入减成本，即 $(p-c)$。然后，需要计算出市场中所有居民的光伏板需求量。基于前文对光伏需求量的计算公式，$Q := nE(q^*)$ 和式（3-10），退税政策下光伏板的总需求容量可计算如下：

$$Q = n\int_{\theta_1}^{\theta_2} f(\theta) q^* \mathrm{d}\theta$$

$$= \frac{n(Ar(\theta_1 + \theta_2) - 2p(1-\phi))}{2\eta} \quad (3-11)$$

用光伏承建商的边际收益 $(p-c)$ 乘以总光伏需求式（3-11）后，可以得到承建商面临的定价问题：

$$\max_{p} \pi_R = (p-c)Q$$

$$= (p-c)\frac{n(Ar(\theta_1 + \theta_2) - 2p(1-\phi))}{2\eta} \quad (3-12)$$

为检验光伏承建商最大收益和最优价格的存在性,计算出式(3-12)的二阶偏导数为 $\frac{\partial^2 \pi_R}{\partial p^2} = -\frac{2n(1-\phi)}{\eta} < 0$。因此,存在一个最优价格使承建商的利润最大化。通过求解一阶条件 $\frac{\partial \pi_R}{\partial p} = 0$,可以计算得出光伏承建商的最优反应函数,其表达式如下:

$$p^* = \frac{c}{2} + \frac{Ar(\theta_1 + \theta_2)}{4(1-\phi)} \qquad (3-13)$$

当其余参数不变时,光伏板价格会随着退税比例的上调而单调上升,最终在退税率趋近于100%时光伏价格趋于无穷大。该结论可以简单地通过计算 $\frac{\partial p^*}{\partial \phi} = \frac{A(\theta_1 + \theta_2)r}{4(1-\phi)^2} > 0$ 和 $\lim\limits_{\phi \to 1} p^*(\phi) = +\infty$ 证明。该研究结果表明,如果政府提升退税率,光伏承建商将通过对光伏板涨价实现利润最大化。为便于直观展示以上结论,图3-4绘制了在不同的退税补贴率下,光伏承建商所制定的最优光伏板价格。

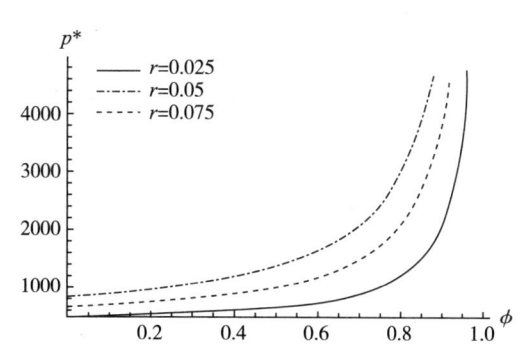

图3-4 光伏价格最优反应函数随退税率变化图

第三,分析政府的退税政策设计问题。同样地,需要先计算居民光伏的总发电量。与式(3-6)的计算思路类似,计算退税政策下居民的发电总量表达式如下:

$$G = n\int_{\theta_1}^{\theta_2}\theta q^* pf(\theta)\,\mathrm{d}\theta$$
$$= \frac{n(2Ar(\theta_1^2 + \theta_2\theta_1 + \theta_2^2) - 3p(1-\phi)(\theta_1 + \theta_2))}{6\eta} \quad (3-14)$$

与上网电价政策相比，由于采用了"自发自用，余电上网"的输电协议，政府在退税政策下更像太阳能的运输者——政府以价格 r 收购太阳能，再以相同的价格将太阳能卖给居民。此外，政府扶持居民光伏发展的收益为 $\int_0^T \mathrm{e}^{-\rho t} bG\mathrm{d}t$，产生的财政补贴成本可以由预估总装机量来衡量，即

$$n\int_{\theta_1}^{\theta_2}\phi pqf(\theta)\,\mathrm{d}\theta = \frac{n\phi(A^2r^2(\theta_1+\theta_2)^2 - 4c^2(1-\phi)^2)}{16\eta(1-\phi)} \quad (3-15)$$

结合政府收益、财政支出成本以及式（3-14），可以得到政府实施退税政策后所面临的决策问题如下：

$$\max_{\phi}\pi_G = \int_0^T \mathrm{e}^{-\rho t}bG\mathrm{d}t - n\int_{\theta_1}^{\theta_2}\phi pqf(\theta)\,\mathrm{d}\theta \quad (3-16)$$

3.4.2 博弈模型解析

结合三个决策者面对的博弈问题，可得出退税政策下的短期博弈模型如下：

$$\max_{\phi}\pi_G = \int_0^T \mathrm{e}^{-\rho t}bG - n\int_{\theta_1}^{\theta_2}\phi pqf(\theta)\,\mathrm{d}\theta\mathrm{d}t$$
$$\mathrm{s.t.}\begin{cases}\max_{p}\pi_R = (p-c)Q\\ \mathrm{s.t.}\ q = \arg\max_{q}CS_i = \int_0^T \mathrm{e}^{-\rho t}r\theta q\mathrm{d}t - (1-\phi)pq - \frac{\eta}{2}q^2\end{cases} \quad (3-17)$$

由于退税政策下政府的净收益函数较为复杂，因此很难直接求解最优退税率的解析式。然而，可以通过分析政府净收益的函数性质得出以下结论。

命题 3.3 存在一个最优退税率 $\phi^* \in [0, 1]$，使得政府的净收益达到

最大。此时，光伏供应链博弈的纳什均衡解为 ϕ^*，$p^* = \dfrac{c}{2} + \dfrac{A(\theta_1+\theta_2)r}{4(1-\phi^*)}$，$q^* = \dfrac{A\theta r p^*(1-\phi^*)}{\eta}$。

证明：将最优反应函数式（3-10）、式（3-13）、式（3-14）和式（3-15）代入政府收益式（3-17）中，求出二阶偏导数 $\dfrac{\partial^2 \pi_G}{\partial \phi^2} = -\dfrac{n(A^2r^2(\theta_1+\theta_2)^2 + 4c^2(1-\phi)^3)}{8\eta(1-\phi)^3} < 0$，因此政府收益存在极大值。可以通过求解 $\dfrac{\partial \pi_G}{\partial \phi} = 0$ 得到最优退税率 ϕ^*。命题 3.3 证毕。

为了给出更直观的解释，在基准参数下绘制了政府收益（图 3-5）。图 3-5（a）中的实线表示在低电价情形下，若政府实行低退税补贴率，例如 10% 的退税率，此时政府的收益为负。造成这种现象的原因是光伏发电的社会效益过低，不足以弥补由于光伏项目而产生的财政支出。然而如果政府适当提高退税补贴，情况反而会发生扭转。补贴光伏带来的收益大幅增加，能够使政府获得更多的净收益，而非让政府蒙受损失。此外，将实线与虚线和点划线对比，发现在低退税补贴下，若电价越贵则政府的收益越大。图 3-5（b）表明，如果上游光伏成本上涨过多，政府补贴光伏的收益减少，甚至导致政府在居民光伏项目中亏损。

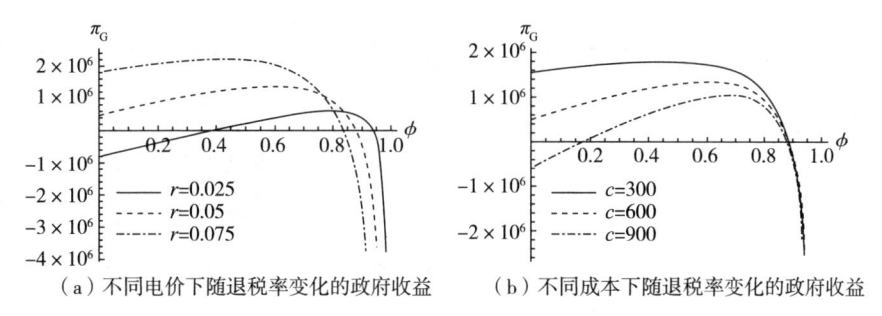

（a）不同电价下随退税率变化的政府收益　　（b）不同成本下随退税率变化的政府收益

图 3-5　光伏退税率对政府收益的影响

3.5 政策比较

前文在上网电价和退税政策背景下，研究了光伏供应链内在的博弈特征、均衡解以及均衡解的性质。本节通过数值模拟的方法，比较两种政策的优劣，并分析两种政策对光伏供应链的影响。在基准参数值下，图3-6绘制了两种政策下各供应链成员净收益比较的二维图。深色区域代表上网电价政策的净收益不低于退税政策，剩余区域则为退税政策的净收益优于上网电价政策。横纵坐标轴分别为上网电价率F和退税率θ，且两个变量的取值均在0~1范围内变化。该范围基本可以涵盖实际中可能发生的所有情况。

图3-6 (a) 中的深色区域为政府实行上网电价政策时能获益更多的区域。当退税率低于90%时，最优上网电价为 0.05~0.25 €/（kW·h）。否则，上网电价过高或过低都不如退税政策对政府有益。因为如果上网电价补贴太高，显然财政支出过多；反之，其对市场的激励效果又不如退税政策。根据命题3.1，可以算出 $F^* = 0.145415$ €/（kW·h），$p^* = 1337.32$ €/kW，$q^* = 7.43108$ €/kW。

结合现有文献，德国的上网电价从2009年开始随着时间的推移而下降，该现象也被称为"退坡"。2011年上网电价降至 0.2874 €/（kW·h），其递减率为13%。按照该递减趋势估计，德国上网电价最终会陷入图3-6 (a) 中深色区域，甚至低于本书计算出的均衡解。Weiss在研究中提到平均上网电价会从 0.47 €/（kW·h）下降到 0.12 €/（kW·h）的观点，也印证了本书计算出的均衡解结果。

图3-6 (b) 揭示了光伏承建商视角下两政策的比较结果。该图被分为

两部分，即深色的"高上网电价区"和剩余区域的"低上网电价区"。与图3-6（a）对比不难发现，在图3-6（b）的高上网电价区内光伏承建商会因为政府给居民的补贴增多而一起受益，但政府超额的补贴使得自身蒙受损失。图3-6（c）和图3-6（d）展示了不同政策下不同居民的收益比较。显然，只要上网电价没有在非常低的水平，居民一般更偏好上网电价政策，退税率ϕ对居民的影响并不明显。

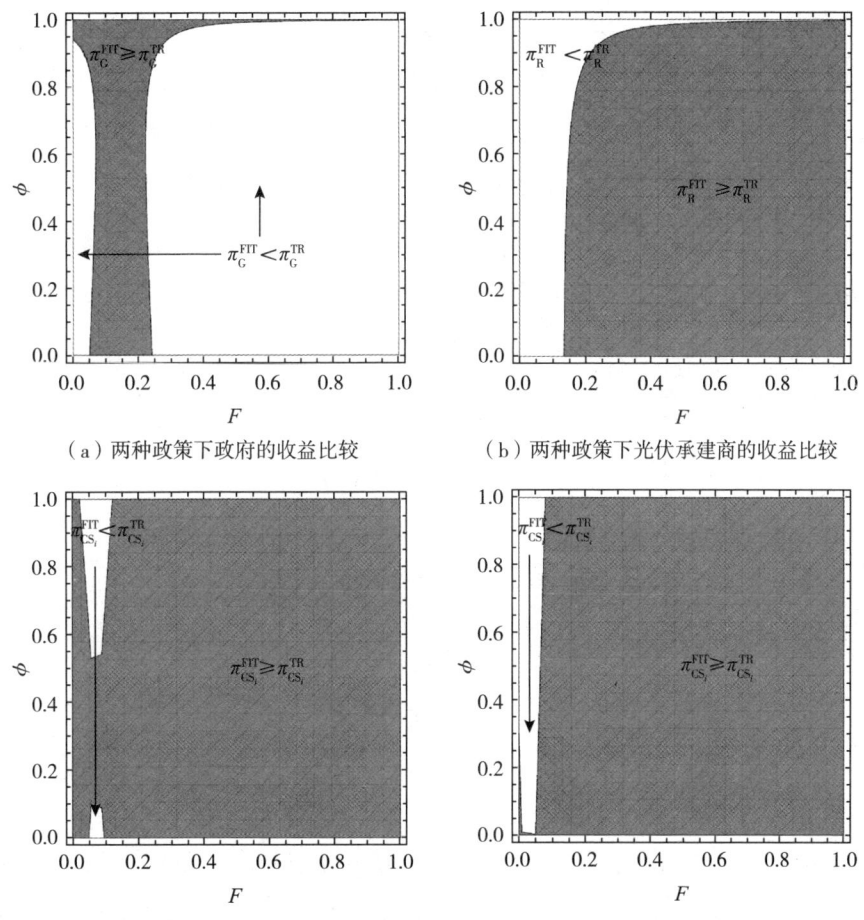

(a) 两种政策下政府的收益比较

(b) 两种政策下光伏承建商的收益比较

(c) 基准参数时，两种政策下居民的收益比较

(d) $\theta=2000$时，两种政策下居民的收益比较

图3-6 两种政策下各成员的收益比较

3.6 上网电价补贴政策下的光伏供应链中长期博弈模型

3.6.1 模型构建

前文从短期博弈的角度出发，探讨了供应链结构、最优决策和政策比较等内容。然而大量研究表明，上网电价政策从开始实施后一般会随时间持续退坡。基于此，本节将在前文上网电价政策短期博弈模型的基础上，构造中长期重复博弈模型，从中长期视角出发研究政策实施效果和决策行为特征。采用与 Bischi 和 Naimzada 以及 Ahmed 等的研究相同的中长期重复博弈调整策略，构建决策者在有限理性行为下的动态决策系统。每个决策者下一期的决策受上一期决策和利润情况影响，故中长期重复博弈模型应具有如下差分方程形式：

$$\begin{cases} F(t+1) = F(t) + \alpha F(t) \dfrac{\partial \pi_G}{\partial F(t)} \\ p(t+1) = p(t) + \beta p(t) \dfrac{\partial \pi_R}{\partial p(t)} \\ q(t+1) = q(t) + \gamma q(t) \dfrac{\partial CS_i}{\partial q(t)} \end{cases} \quad (3\text{-}18)$$

式中，$F(t+1)$、$p(t+1)$ 和 $q(t+1)$ 表示下一期的决策；α、β、和 γ 为决策调整速度。

以政府上网电价调整过程为例，下一期的上网电价 $F(t+1)$ 是在上一期的上网电价 $F(t)$ 基础上，加上调整速度 α 与利润偏导数的乘积计算得到。由此可以类推出光伏承建商与居民的策略调整过程。

将结合决策者的利润方程，即式（3-1）、式（3-4）和式（3-7），带入系统（3-18）中。代入后系统新的表达式如下：

$$\begin{cases} F(t+1) = F(t) + \alpha F(t) \dfrac{An}{24\eta} \{2\theta_1 (A\theta_2 (b-2F(t)+r)+3c) \\ +\theta_2 (5A\theta_2 (b-2F(t)+r)+6c)+5A\theta_1^2 (b-2F(t)+r)\} \\ p(t+1) = p(t) + \beta p(t) \dfrac{n(AF(t)(\theta_1+\theta_2)+2c-4p(t))}{2\eta} \\ q(t+1) = q(t) + \gamma q(t)(\theta AF(t)-p(t)-\eta q(t)) \end{cases}$$

(3-19)

3.6.2 平衡点与稳定性分析

第一，计算求解出系统式（3-19）的平衡点，也可称为不动点。根据系统平衡点的求解条件：

$$\begin{cases} F(t+1) = F(t) \\ p(t+1) = p(t) \\ q(t+1) = q(t) \end{cases}$$

(3-20)

结合式（3-20）和式（3-19），可以求解出唯一一个具有实际意义的不动点，即

$$E^* = \left(\dfrac{1}{2}\left(b+r+\dfrac{6c(\theta_1+\theta_2)}{AB}\right), \dfrac{1}{8}A(\theta_1+\theta_2)(b+r)+\dfrac{c(13B+24\theta_1\theta_2)}{20B}, \right.$$
$$\left. \dfrac{AB(4\theta-\theta_1-\theta_2)(b+r)+24c\theta(\theta_1+\theta_2)-2c(13\theta_1^2+10\theta_2\theta_1+13\theta_2^2)}{8\eta B}\right)$$

(3-21)

结合命题 3.1 可以看出，不动点式（3-21）也是短期博弈中的均衡点。因此，如果中长期博弈系统能够从某一初值开始最终演化到该不动点，则每个供应链成员都能最大化自身收益，且此时系统将保持稳定状态。

第二，需要通过求解系统的雅可比矩阵来分析系统不动点的稳定性。系统的雅可比矩阵有如下形式：

$$J = \begin{pmatrix} \lambda_1 & 0 & 0 \\ \dfrac{Anp\beta(\theta_1+\theta_2)}{2\eta} & \lambda_2 & 0 \\ Aq\gamma\theta & -q\gamma & \lambda_3 \end{pmatrix} \qquad (3-22)$$

其中,

$$\lambda_1 = 1-\alpha\frac{An(AB(4F-b-r)-6c(\theta_1+\theta_2))}{24\eta}, \quad \lambda_2 = 1-\beta\frac{n(8p-2c-AF(\theta_1+\theta_2))}{2\eta},$$

$\lambda_3 = 1-\gamma(p+2q\eta-AF\theta)$。

将不动点式(3-21)代入雅可比矩阵式(3-22)后,可得

$$J(E^*) = \begin{pmatrix} \lambda_1(E^*) & 0 & 0 \\ \dfrac{Anp^*\beta(\theta_1+\theta_2)}{2\eta} & \lambda_2(E^*) & 0 \\ Aq^*\gamma\theta & -q^*\gamma & \lambda_3(E^*) \end{pmatrix} \qquad (3-23)$$

其中,

$$\lambda_1(E^*) = 1-\frac{\alpha An(AB(b+r)+6c(\theta_1+\theta_2))}{24\eta},$$

$$\lambda_2(E^*) = 1-\frac{\beta n}{20B\eta}(5AB(\theta_1+\theta_2)(b+r)+32Bc-6c(5\theta_1^2-6\theta_2\theta_1+5\theta_2^2)),$$

$\lambda_3(E^*) = 1-\dfrac{\gamma C}{40B}$。

由于三角矩阵的特征值即为矩阵的对角元素,所以三角矩阵式(3-22)的特征值为$\lambda_j(E^*)$,$j \in \{1, 2, 3\}$。基于分岔和混沌理论,系统不动点的稳定性依赖特征根的值。具体而言,需要观察特征值在平面单位圆中的位置。由此,可以得到系统不动点失稳的阈值条件。

命题3.4 在上网电价政策干预下的中长期重复博弈系统中,存在能够区分局中人决策行为的调整速度参数阈值,即 $\hat{\alpha} = \dfrac{48\eta}{An(AB(b+r)+6c(\theta_1+\theta_2))}$,

$$\hat{\beta} = \frac{8B\eta}{n(AB(\theta_1+\theta_2)(b+r)+2c(13\theta_1^2+10\theta_2\theta_1+13\theta_2^2))} \text{ 和 } \hat{\gamma} = \frac{80B}{C}$$

。其中，$C \equiv B(26c-5A(\theta_1+\theta_2-4\theta)(b+r))+4c(-65\theta_1^2-38\theta_1\theta_2-65\theta_2^2+30\theta(\theta_1+\theta_2)) \in \mathbb{R}^+$。当任意光伏供应链成员的决策调整速度超过其阈值，且其他所有成员的决策调整速度未超过对应阈值时，系统出现 Flip 分岔现象。

证明：Kuznetsov 等的研究详细地给出了不同类型分岔的定义。Flip 分岔出现的条件为存在特征值 $\lambda_j(E^*) = -1$ 且 $\lambda_{-j}(E^*) \neq -1$，$j \in \{1, 2, 3\}$。首先很容易验证 $\lambda_j(E^*) < 1$，$j \in \{1, 2, 3\}$，因为每个特征值都可视为 1 减去一个大于零的项。其次，由于 $\dfrac{\partial \lambda_1(E^*, \alpha)}{\partial \alpha} = -\dfrac{An(AB(b+r)+6c(\theta_1+\theta_2))}{24\eta} < 0$，

$\dfrac{\partial \lambda_2(E^*, \beta)}{\partial \beta} = -\dfrac{n(AB(b+r)(\theta_1+\theta_2)+2c(13\theta_1^2+10\theta_1\theta_2+13\theta_2^2))}{4B\eta} < 0$，

$\dfrac{\partial \lambda_3(E^*, \gamma)}{\partial \gamma} = -\dfrac{C}{40B} < 0$，因此三个特征值均会随自身决策调整速度的增加而递减。又因为 $\lim\limits_{\alpha \to +\infty} \lambda_1(E^*) = \lim\limits_{\beta \to +\infty} \lambda_2(E^*) = \lim\limits_{\gamma \to +\infty} \lambda_3(E^*) = -\infty$，因此所有的特征值都可以先随着调节速度的增加达到 -1，进而小于 -1。最后，根据分岔临界点条件 $\lambda_i(E^*) = -1$，可以求出三个阈值 $\hat{\alpha}$、$\hat{\beta}$、$\hat{\gamma}$ 的表达式。另外值得注意的是，如果 $C > 0$ 的条件被放松，即当 $C \leq 0$ 时，有 $\lambda_3(E^*) \geq 1$，此时无论居民如何调整决策速度，系统都将失去稳定性。命题 3.4 证毕。

为便于深入理解命题 3.4，图 3-7 绘制了特征根随参数的变化情况。其中，浅色水平面是特征值等于 -1 的基准平面，深色曲面是平衡点处的特征值 λ_j。图 3-7（a）中，特征值 $\lambda_1(E^*)$ 从初始值 1 开始，随着决策调整速度 α 和电价 r 的增加而下降，最终穿过浅色基准平面。深色曲面与浅色水平面的交线，即为系统出现 Flip 分岔的阈值。在基准面上面的部分，系统稳定。反之系统失去稳定。类似地，图 3-7（b）和图 3-7（c）表现出相似的特征与变化趋势。

为进一步研究系统式（3-19）的稳定域，依据 Jury 判据准则绘制了稳

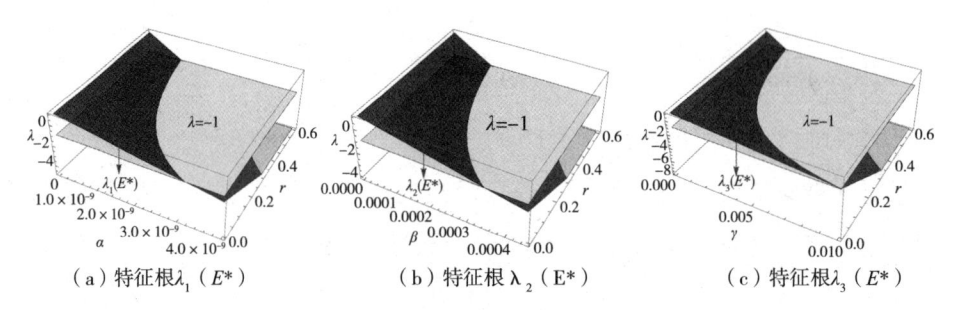

(a) 特征根 $\lambda_1(E^*)$ (b) 特征根 $\lambda_2(E^*)$ (c) 特征根 $\lambda_3(E^*)$

图 3-7 系统的特征根随参数变化情况

定域图 3-8。其中，图 3-8（a）绘制了系统的三维稳定域。在三维稳定域内的参数可以保持系统稳定性。此外图 3-8（b）表明，如果光伏承建商的调整速率变快，政府和居民的决策稳定域将由深色区域变为浅色区域。类似地，图 3-8（c）展示了政府决策变化对另两位供应链成员稳定域的影响关系，此处不再赘述。

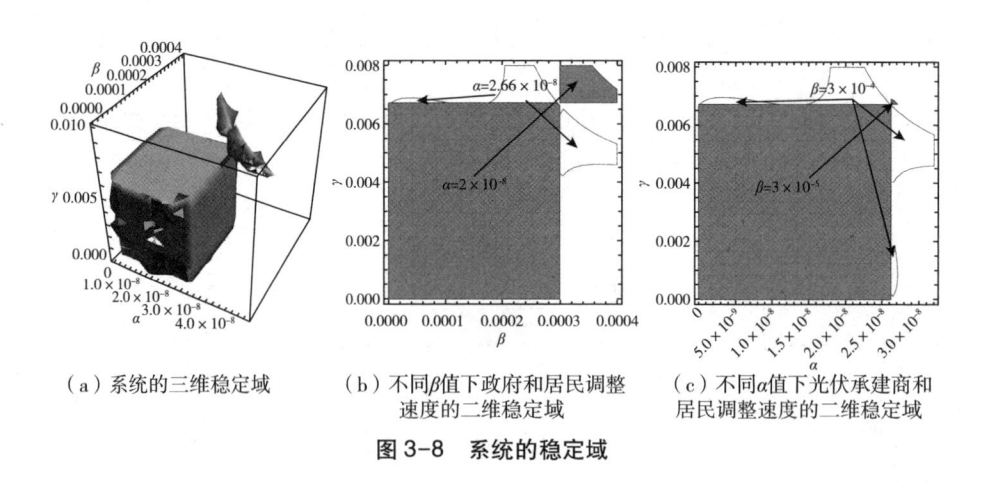

(a) 系统的三维稳定域   (b) 不同 β 值下政府和居民调整速度的二维稳定域   (c) 不同 α 值下光伏承建商和居民调整速度的二维稳定域

图 3-8 系统的稳定域

3.6.3 复杂行为特征与利润分析

前文虽然研究了系统稳定性的条件，但并未讨论供应链成员中长期最优策略。本节将对供应链成员中长期策略及行为特征进行深入研究。由于当任意供应链成员的调整速度大于命题 3.4 中给出的阈值时，其最优决策将失去稳定性并随时间不断变化。因此，称这种高频决策的行为是中长期运营中的"激进决策"。相反，如果决策主体的决策调整速度小于阈值，决策者将不调整原有决策，称这种行为特征为"保守决策"。

根据前文的分析，政府、光伏承建商和居民如果想要保持在均衡点策略不动，则需要采取保守的而非激进的决策行为。在掌握了供应链成员不同的中长期行为特征后，需要进一步明确不同行为特征究竟会对光伏供应链上下游产生何种中长期影响。由于不同行为特征会导致不同的决策结果，且任意成员的激进决策行为都会使系统陷入分岔或混沌的不稳定状态，因此有必要绘制供应链成员中长期利润图，以揭示不同行为特征能够产生的影响。

命题 3.5 局中人在激进的决策行为下，系统会出现混沌现象。在这种情况下，成员的净收益不再是一个固定值，而是开始随时间波动。更重要的是，由混沌产生的收益波动并不一定总产生负面影响，在一定条件下混沌可能有正面作用。

现有文献普遍认为混沌一定会损害决策者的收益。不过也有少数学者认为，混沌并非损害所有决策主体的收益。为研究激进的决策行为究竟会产生何种影响，图 3-9 绘制了供应链成员的中长期利润。图中的利润曲面为系统迭代 500~830 次之间的平均利润。从图 3-9 中可以总结出：①对三个决策主体而言，任意主体采取激进的决策行为都只会损害自身的中长期收益；②光伏承建商若采取激进的决策行为，则会有利于除自身以外的政府和居民的中长期收益；③根据图 3-9（c）可知，政府和居民同时采取相对激进的决策行为，可能增加居民的中长期收益。

综上可以看出，混沌并不总是有害的。相反，他人的激进决策行为所产生的混沌现象产生了利润的波动，在有些情况下有可能对自身有利。与现有研究的观点不同，该研究结果表明，混沌不是一种必须被避免的现象。在有风险偏好的决策者眼中，混沌能够作为创造更多利润的阶梯。

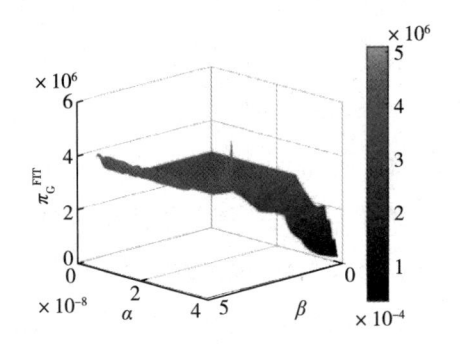

(a) 随α和β变化的政府三维收益图

(b) 随α和β变化的光伏承建商三维收益图

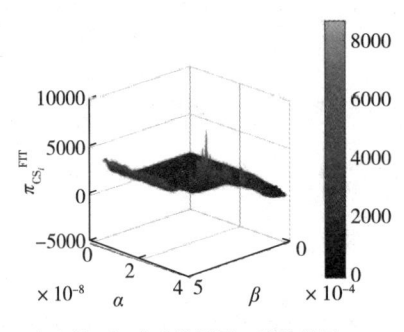

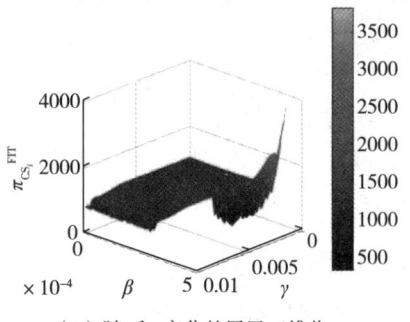

(c) 随α和β变化的居民三维收益图

(d) 随β和γ变化的居民三维收

图3-9 供应链成员的中长期收益图

3.6.4 分岔与混沌控制

由于决策者激进的决策行为会导致混沌复杂特征，进而损害决策者自身中长期收益，因此对于具有风险规避偏好并厌恶波动收益的决策者而言，如何有效控制混沌这一问题便显得至关重要。已有文献尝试采用多种不同的方法来控制混沌系统，使其重新回到稳定状态。该领域广泛使用的一种常用方法是延迟反馈控制方法。本节考虑使用延迟反馈控制方法对系统的混沌状态进行控制，因此重构系统式（3-19）后可以得到

$$\begin{cases} F(t+1) = F(t) + \alpha F(t)\dfrac{An}{24\eta}(2\theta_1(A\theta_2(b-2F(t)+r)+3c) + \theta_2(5A\theta_2(b \\ \qquad -2F(t)+r)+6c) + 5A\theta_1^2(b-2F(t)+r)) + k_1(F(t+1-\tau)-F(t+1)) \\ p(t+1) = p(t) + \beta p(t)\dfrac{(n(AF(t)(\theta_1+\theta_2)+2c-4p(t)))}{2\eta} \\ \qquad + k_2(p(t+1-\tau)-p(t+1)) \\ q(t+1) = q(t) + \gamma q(t)(AF(t)\theta - p(t) - \eta q(t)) + k_3(q(t+1-\tau)-q(t+1)) \end{cases}$$

(3-24)

式中，k_j 为反馈强度；τ 是延迟时间；$k_j(x(t+1-\tau)-x(t+1))$，$j \in \{1, 2, 3\}$ 是反馈因子。

若某一决策主体 j 陷入混沌状态，则令 $k_j>0$。与此同时其他决策者的反馈强度为零，即 $k_{-j \in \{1,2,3\} \setminus \{j\}} = 0$。本节假设任意局中人仅考虑 1 期延迟，即 $\tau=1$。首先，很容易求得系统式（3-24）的不动点仍为式（3-21）。然后，计算得出控制系统式（3-24）的雅可比矩阵如下：

$$J^c = \begin{pmatrix} 1-\alpha\dfrac{An(AB(4F-b-r)-6c(\theta_1+\theta_2))}{24\eta(1+k_1)} & 0 & 0 \\ \dfrac{Anp\beta(\theta_1+\theta_2)}{2\eta(1+k_2)} & 1-\beta\dfrac{n(8p-2c-AF(\theta_1+\theta_2))}{2\eta(1+k_2)} & 0 \\ \dfrac{Aq\gamma\theta}{1+k_3} & -\dfrac{q\gamma}{1+k_3} & 1-\gamma\dfrac{p+2q\eta-AF\theta}{1+k_3} \end{pmatrix}$$

(3-25)

将不动点代入雅可比矩阵式（3-25）中，同样由于该矩阵为三角矩阵，因此该矩阵的特征值仍是对角线元素，记作 $\lambda_j^c(E^*)$，$j \in \{1, 2, 3\}$。

命题 3.6 计算出三个决策主体反馈强度参数的阈值，分别为 $\hat{k}_1 = \dfrac{\alpha An}{48\eta}$
$(AB(b+r)+6c(\theta_1+\theta_2))-1$，$\hat{k}_2 = \dfrac{\beta n(5AB(\theta_1+\theta_2)(b+r)+32Bc-6c(5\theta_1^2-6\theta_1\theta_2+5\theta_2^2))}{40B\eta} - 1$

和 $\hat{k}_3 = \dfrac{\gamma D}{80B} - 1$。其中，$D \equiv B(5A(4\theta-\theta_1-\theta_2)(b+r)+26c)+4c(-65\theta_1^2-38\theta_1\theta_2-65\theta_2^2+30\theta(\theta_1+\theta_2))$，且需要满足条件 $D>0$。将系统分为两种不同的状态：①若 $0 \leqslant k_j \leqslant \hat{k}_j$，则系统仍不稳定；②若增大 k_j 至 $k_j > \hat{k}_j$，则系统可以重新回到稳定状态。

证明：将不动点式（3-21）代入雅可比矩阵式（3-25）后，可以很容易地获得新系统的特征值，即 $\lambda_1^c(E^*, \alpha) = 1 - \dfrac{\alpha An(AB(b+r)+6c(\theta_1+\theta_2))}{24\eta(1+k_1)}$，

$\lambda_2^c(E^*, \beta) = 1 - \dfrac{\beta n}{20B\eta(1+k_2)}(5AB(\theta_1+\theta_2)(b+r)+32Bc-6c(5\theta_1^2-6\theta_1\theta_2+5\theta_2^2))$，

$\lambda_3^c(E^*, \gamma) = 1 - \dfrac{\gamma D}{40B(1+k_3)}$。首先，根据命题 3.4 中对原系统分岔情况的论述，可知当系统发生 Flip 分岔时决策调整参数值较大，因此系统在初始的混沌状态下特征值小于 -1。然后，由于 $\dfrac{\partial \lambda_1^c(E^*, \alpha)}{\partial k_1} = \dfrac{\alpha An(AB(b+r)+6c(\theta_1+\theta_2))}{24\eta(1+k_1)^2} > 0$，

$\dfrac{\partial \lambda_2^c(E^*, \beta)}{\partial k_2} = \dfrac{\beta n(5AB(\theta_1+\theta_2)(b+r)+c(26B+48\theta_1\theta_2))}{20B\eta(1+k_2)^2} > 0$，$\dfrac{\partial \lambda_3^c(E^*, \gamma)}{\partial k_3} = \dfrac{\gamma D}{40B(1+k_3)^2} > 0$，因此所有的特征值都会随着自身反馈强度的增大而增大。最后，因为 $\lim\limits_{k_1 \to \infty} \lambda_1^c(E^*, \alpha) = \lim\limits_{k_2 \to \infty} \lambda_2^c(E^*, \beta) = \lim\limits_{k_3 \to \infty} \lambda_3^c(E^*, \gamma) = 1$，故可知系统的特征值会随着反馈强度参数的增加而从 -1 增加到大于 -1。命题 3.6 证毕。

该命题给出了计算反馈强度阈值的表达式和计算方法。基于基准参数值，可以求出 $\hat{k}_1 = 0.466$、$\hat{k}_2 = 0.484$ 以及 $\hat{k}_3 = 0.474$。此处以政府为例介绍该反馈控制的操作方法。如果政府已经因激进的决策行为导致了混沌的出现，可以在综合考虑上一期的上网电价决策下对本期决策施加反馈控制因子，并令反馈强度 k_1 大于 0.466。如此，系统可到稳定状态。

3.7 本章小结

上网电价和退税政策是目前世界各国较流行、较有前景的光伏补贴助推政策。本章在考虑居民光照时长具有异质性的基础上，分别构建了上网电价和退税政策干预下的光伏供应链短期博弈模型，对比分析了两政策实施效果的差异。政府首先颁布光伏政策补贴率；光伏承建商在理解光伏政策后制定光伏板价格；居民对比光伏板价格与发电收益后决定光伏投资量。研究结果表明，在上网电价政策干预下，如果市场中的电价升高，政府和光伏承建商应分别提升上网电价补贴和光伏定价；相较于低日照时长的居民，拥有较长日照时长的居民会投资更多的光伏板，以获得更多的光伏收益。此外，退税政策也可有效地刺激光伏装机容量，并对光伏产业上下游发展产生促进作用。通过比较分析政策实施效果，研究发现在居民光伏投资决策过程中，退税政策相较于上网电价政策的影响更小。

在上网电价政策干预的背景下，本章构建了光伏供应链中长期重复博弈模型，研究了光伏承建商的中长期动态定价策略、光伏居民的中长期投资策略，探讨了光伏供应链决策主体的中长期行为特征。研究发现了供应链成员在中长期博弈中存在的激进决策行为和保守决策行为，给出了区分两种决策行为的阈值。结果表明，激进的决策行为会让系统失去稳定性。相反，在保守的决策行为下，决策可以保持稳定不变，决策主体能够获得中长期稳定现金流回报，同时减小收益的波动性。该发现有助于政府、光伏承建商和居民根据自身财务状况决定决策行为。例如，具有稳定收益偏好前提下，决策者可以选择保守的决策行为。此外，研究结果证实了政府在实施上网电价政策过程中所采用的补贴退坡方案是一种较优的选择。与现有的一些研究观点不同，研究发现混沌不总损害决策者的利润，他人激进的决策可能反而增加自身的利润。本章还为厌恶波动收益的决策者提供了一种可行的混沌控制方法，能将系统控制回到稳定状态。本章的研究结论能够为处于太阳能发展早、中期的国家或地方政府的政策设计规划提供理论支持。

第4章
政策补贴电力企业视角下的光伏供应链博弈研究

4.1 问题背景

由于原材料成本下降、绿色意识提高以及政策激励等因素，居民光伏在近些年虽经历蓬勃发展，然而从电力企业的角度出发，居民光伏装机量的快速增加会对电力企业产生严重的负面影响。一方面，由于居民分布式光伏发电的间歇性会导致传统能源发电厂的输出功率大幅波动，进而出现限电后导致的停机问题，甚至引发电网断电事故，最终威胁到整个电网的可靠性。另一方面，居民光伏产生的电能会降低居民对电网供电的需求，从而导致电力企业收入损失。由于收入的减少，电力企业会被迫提高电费，但电费的提高会进一步抑制居民对电网供电的需求，最终导致恶性循环。这一现象被称为电力企业死亡螺旋（Utility Death Spiral）。该现象在德国也被称为"能源转型"（Energiewende），正在威胁德国供电系统的可靠性，造成电力企业的巨额损失。具体而言，由于德国政府目前优先发展风能和太阳能等清洁能源，导致德国四大电力企业亏损严重。可以看出，电力企业运营模式的转变已迫在眉睫。

能够帮助走出上述困境的方法之一，是由电力企业自身投资光伏系统，较早地进行自身能源结构升级。因此，本章将研究政策补贴电力企业视角下的光伏供应链博弈问题。由于企业投资的光伏通常被安装在一整片地面上且规模一般较大，该项目一般被称为集中式光伏。如此做有诸多好处：一是大规模投资建设能够产生规模经济效益，相较于居民分布式光伏有成本竞争优势。二是电力企业自身投资运营光伏则可以根据自有火电厂发电情况统一进行电力调度，节省运营成本。三是电力企业可以宣布其对控制温室气体排放做出贡献，以吸引更多人使用该企业电力。不难看出，电力企业有望通过制定投资计划逐步摆脱"死亡螺旋"困境。

从政府的角度出发，尽管政府十分支持电力企业投资光伏，但由于大规模光伏的总成本过高，如何通过政策支持电力企业发展是政府亟待解决的关键问题。合理的补贴机制可以有效地刺激光伏投资，同时产生环境、经济和就业等社会效益。但过多的激励措施也会给政府带来财政负担，还将引发社会公平性问题，也称交叉补贴问题（Cross-Subsidization）。因此，政府要通过合理的补贴机制设计，在光伏产业发展和收益之间做出有效平衡。从光伏承建商的视角出发，光伏承建商负责光伏阵列的设计安装，可被视为连接政府和电力企业的关键桥梁。值得注意的是，过去几年全球光伏原材料呈下滑趋势，因此光伏承建商在设定光伏板价格时必须仔细考虑下游市场实际情况。

本章主要研究度电补贴政策对光伏供应链决策的影响，通过构建短期博弈模型和重复博弈模型，分析各决策者的最优决策以及中长期决策行为，旨在解决如何设计补贴政策，有效助推电力企业投资光伏发电项目。本章的研究目标也与 Muaafa 等所提出的待解决研究问题相符。

4.2　模型描述与基本假设

图 4-1 给出了度电补贴政策下电力企业光伏供应链结构。

第一，考虑在一个城市或地区内，政府宣布了投资集中式光伏的度电补贴率 $\Lambda \in A = [0, \overline{\Lambda})$。其中，$\overline{\Lambda}$ 是补贴上限，后文将进一步解释说明该补贴上限。度电补贴是指政府将以特定的补贴率对每 $1\mathrm{kW \cdot h}$ 太阳能进行补贴。与此同时，政府可以通过生产的每 $1\mathrm{kW \cdot h}$ 太阳能获得 b 单位的社会效益。社会效益是包括减少碳排放等因素在内的外部收益。另外，本章假设

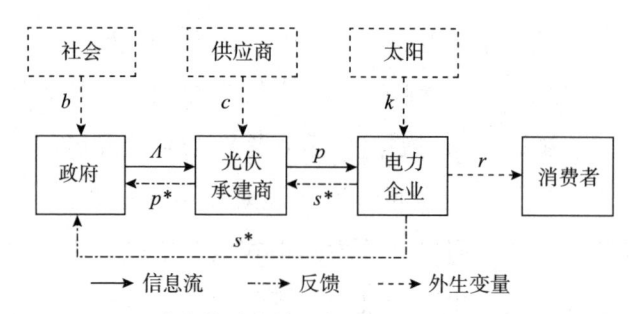

图 4-1 度电补贴政策下电力企业光伏供应链结构

政府的风险偏好为风险中性。

第二，光伏承建商根据政府颁布的补电补贴，设置合适的光伏板售价 $p \in P = [0, +\infty)$。光伏承建商以边际成本 c 从供应商处采购光伏材料，并负责光伏阵列的设计与建设。

第三，由于光伏发电受很多因素影响，如太阳辐射强度、天气、温度等，因此本书考虑了辐射强度的不确定性。可以从观测到的太阳能辐射历史数据中分析出太阳能辐射的统计学规律，并对该地点的光伏发电量进行估计。因此，本章假设年光照辐射强度符合正态分布，$\tilde{k} \sim N(\mu, \sigma^2)$。其中，$\mu$ 是光照辐射强度的平均值，σ 为标准差。考虑该城市或地区只有一个具有风险规避偏好的电力企业为消费者供电，售电价格为 r。在分析完光伏项目的信息后，电力企业需要评估最优装机容量为多少，再决定光伏项目需要使用光伏板的面积 $s \in S = [0, +\infty)$。该信息包括光照辐射强度、度电补贴率、光伏板价格、光伏板效率等。本章使用符号 G、D 和 U 分别代表政府、开发商、电力企业。

企业集中式光伏供应链博弈顺序如下：

（1）政府制定度电补贴率 Λ；

（2）光伏承建商设定光伏板价格 p；

（3）电力企业决定光伏建设的光伏板总面积 s。

4.3 度电补贴政策下的光伏供应链短期博弈模型

4.3.1 博弈模型构建

本节将从供应链下游至上游的顺序依次介绍三个供应链成员的利润函数,并构建光伏供应链博弈模型。

从电力企业的层面出发,其利润函数由光伏使用周期下光伏发电项目发电产生现金流的净现值,与光伏阵列投资成本间的差值衡量。令 $\rho>0$ 代表折现因子;$\eta>0$ 代表光伏板的发电效率;$t \in T=[0,T]$ 为时间;$T>0$ 表示光伏发电项目的设计使用年限。光伏项目的年实际发电量等于发电效率、辐射强度和光伏板总面积的乘积,即 $\eta \tilde{k} s$。将实际发电量与边际收益相乘得到光伏项目年收益。再将年化收益在设计使用寿命期内折现,得到 $\int_0^T e^{-\rho t} \eta \tilde{k}(r+\Lambda) s dt$。其中,e 为自然底数。另外,光伏项目的成本为光伏板价格乘以总面积,即 ps。电力企业的净现值可表示如下:

$$\pi_U(s,\tilde{k}) = \int_0^T e^{-\rho t} \eta \tilde{k}(r+\Lambda) s dt - ps \tag{4-1}$$

计算式(4-1)中的积分,得到 $\pi_U(s,\tilde{k}) = \left(\dfrac{1-e^{-\rho T}}{\rho} \eta \tilde{k}(r+\Lambda) - p\right)s$。令 $A \equiv \dfrac{1-e^{-\rho T}}{\rho} > 0$,将其代入后得到新的电力企业净现值为

$$\pi_U(s,\tilde{k}) = (A\eta \tilde{k}(r+\Lambda) - p)s \tag{4-2}$$

然而,基于前景理论(Prospect Theory),效用函数还取决于决策者在面对随机事件时对风险的实际偏好。基于电力企业风险规避偏好的假设,本章使用与 Tang 等的研究相类似的映射 $U: \mathbb{R} \mapsto B \in (-\infty,1)$ 用来描述决

策者在风险规避偏好下的效用。具体而言，可用函数 $U_1(x):=1-e^{-\lambda x}$ 描述风险规避偏好。其中，$\lambda>0$ 为风险规避因子，用于量化电力企业的风险规避程度。综上，风险规避条件下电力企业的效用函数为

$$U(\pi_U(s,\tilde{k}))=1-e^{-\lambda(A\eta\tilde{k}(r+\Lambda)-p)s} \tag{4-3}$$

基于光照强度服从正态分布 $\tilde{k}\sim N(\mu,\sigma^2)$ 的假设，计算式（4-3）中的期望后，可以得到期望效用：

$$\mathbb{E}[U(\pi_U(s,\tilde{k}))]=1-e^{-\lambda((A\eta\mu(r+\Lambda)-p)s-\frac{1}{2}\lambda A^2\eta^2\sigma^2(r+\Lambda)^2 s^2)} \tag{4-4}$$

式中，$\mathbb{E}[\cdot]$ 表示期望值。

定义 $U^{-1}:B\mapsto\mathbb{R}$ 为 U 的逆映射。然后，求式（4-4）的逆映射后，得到电力企业期望效用的确定性等价（Certainty Equivalence）为

$$\begin{aligned}\pi_U(s)&=U^{-1}(\mathbb{E}[U(\pi_U(s,\tilde{k}))])\\&=(A\eta\mu(r+\Lambda)-p)s-\frac{1}{2}\lambda A^2\eta^2\sigma^2(r+\Lambda)^2 s^2\end{aligned} \tag{4-5}$$

从光伏承建商的角度出发，其利润函数 $\pi_D(p)$ 应等于光伏板安装的边际利润乘以光伏项目所安装光伏板的总面积，即

$$\pi_D(p)=(p-c)s \tag{4-6}$$

从政府的角度出发，其利润函数 $\pi_G(\Lambda,\tilde{k})$ 是从光伏项目使用周期内产生的现金流换算成现值而来。其中，光伏项目的边际收益为社会效益减去度电补贴成本，即 $b-\Lambda$。将边际收益乘以前文已介绍过的年发电量后，得到年收益值为 $\eta\tilde{k}(b-\Lambda)s$。再将光伏项目设计周期内的收益折现，可以得到政府的利润函数如下：

$$\pi_G(\Lambda,\tilde{k})=\int_0^T e^{-\rho t}\eta\tilde{k}(b-\Lambda)s\,dt \tag{4-7}$$

类似地，计算式（4-7）中的积分后可以得到 $\pi_G(\Lambda,\tilde{k})=A\eta\tilde{k}(b-\Lambda)s$。再结合光照强度服从正态分布 $\tilde{k}\sim N(\mu,\sigma^2)$ 的假设，计算式（4-7）的期望

值，可得

$$\mathbb{E}[\pi_G(\Lambda, \tilde{k})] = \mathbb{E}[A\eta\tilde{k}(b-\Lambda)s] = A\eta\mu(b-\Lambda)s \tag{4-8}$$

基于政府风险中性偏好假设，其净利润 $\pi_G(\Lambda)$ 等价为期望效用 $\mathbb{E}[\pi_G(\Lambda, \tilde{k})]$，因此有

$$\pi_G(\Lambda) = A\eta\mu(b-\Lambda)s \tag{4-9}$$

至此，已经给出全部供应链成员的利润函数表达式。由于光伏供应链具有主从博弈结构，因此可将该问题表示如下：

$$\max_{\Lambda \in A} \pi_G(\Lambda) = A\eta\mu(b-\Lambda)s$$

$$\text{s.t.} \begin{cases} \max_{p \in P} \pi_D(p) = (p-c)s \\ \text{s.t.} \ s = \arg\max_{s \in S} \pi_U(s) = (A\eta\mu(r+\Lambda)-p)s - \frac{1}{2}\lambda A^2\eta^2\sigma^2(r+\Lambda)^2 s^2 \end{cases}$$

$$(4-10)$$

4.3.2 博弈模型解析

本节将分析光伏主从博弈式（4-10）的纳什均衡解。为方便分析，先放松约束条件 $\Lambda \in A$，$p \in P$ 和 $s \in S$。在分析完无约束条件的纳什均衡解后，再讨论有约束条件下的最优策略。

第一，基于逆向递归法，需要首先研究下游电力企业的利润最大化问题。由于电力企业利润函数的二阶导数 $\dfrac{\mathrm{d}^2 \pi_U(s)}{\mathrm{d} s^2} = -\lambda A^2\eta^2\sigma^2(r+\Lambda)^2 < 0$，因此电力企业的利润存在极大值。然后，计算利润函数的一阶导数并使其等于零，即 $\dfrac{\mathrm{d}\pi_U(s)}{\mathrm{d}s} = 0$，解方程后可以得到最优反应函数（BRF）如下：

$$s^{BRF} = \frac{A\eta\mu(r+\Lambda)-p}{A^2\eta^2\lambda\sigma^2(r+\Lambda)^2} \tag{4-11}$$

显然，从式（4-11）中能够看出，如果光伏承建商提高光伏定价，电力企业应该减少投资光伏板。

第二，需要分析光伏承建商的利润最大化问题。由于主从博弈关系，光伏承建商会提前计算出电力企业的最优反应函数式（4-11），并将其代入自身的目标函数，整理后得到

$$\max_{p} \pi_D(p) = (p-c)\frac{A\eta\mu(r+\Lambda)-p}{A^2\eta^2\lambda\sigma^2(r+\Lambda)^2} \tag{4-12}$$

计算光伏承建商利润函数式（4-12）的二阶导数，能够得到 $\dfrac{d^2\pi_D(p)}{dp^2}=-\dfrac{2}{A^2\eta^2\lambda\sigma^2(r+\Lambda)^2}<0$，由此可知光伏承建商的利润存在极大值。再根据一阶条件 $\dfrac{d\pi_D(p)}{dp}=0$，解出光伏承建商的最优反应函数如下：

$$p^{BRF}=\frac{1}{2}(A\eta\mu(r+\Lambda)+c) \tag{4-13}$$

从式（4-13）中很容易看出，若政府向电力企业提供更多的激励，会提高光伏承建商对光伏板的定价。

第三，还需研究政府的度电补贴政策设计问题。由于政府占博弈主导地位，因此政府会预先分析光伏承建商和电力企业的最优反应函数式（4-11）和式（4-13）。将它们代入政府的利润函数中，得到

$$\max_{\Lambda} \pi_G(\Lambda) = \frac{\mu(b-\Lambda)(A\eta\mu(r+\Lambda)-c)}{2A\eta\lambda\sigma^2(\Lambda+r)^2} \tag{4-14}$$

政府的利润函数应存在唯一极大值，因此应满足不等式条件 $\dfrac{d^2\pi_G(\Lambda)}{d\Lambda^2}<0$。

计算由该条件产生的不等式，可以推导出 $\Lambda<\bar{\Lambda}$，其中 $\bar{\Lambda}\equiv\dfrac{3c(b+r)}{A\eta\mu(b+r)+c}-r$。由此，可以得到前文假设中有关 Λ 的定义域的具体解析式。再通过计算利润函数的一阶导数并令其等于零，即 $\dfrac{d\pi_D(p)}{dp}=0$，解该方程后可以得到政府的最优度电补贴率如下：

$$\Lambda^* = \frac{2c(b+r)}{A\eta\mu(b+r)+c} - r \qquad (4-15)$$

显然，$\Lambda^* < \overline{\Lambda}$ 始终成立。根据以上分析，可以得出以下结论。

命题 4.1 集中式光伏供应链主从博弈的纳什均衡解为

$$E(\Lambda^*, p^*, s^*) = \left(\frac{2(b+r)c}{A\eta\mu(b+r)+c} - r, \frac{A\eta\mu(b+r)c}{A\eta\mu(b+r)+c} + \frac{c}{2}, \frac{1}{8c\lambda\sigma^2}\left(\mu^2 - \frac{c^2}{A^2\eta^2(b+r)^2}\right) \right)$$

证明：将最优度电补贴率式（4-15）代入最优反应函数式（4-11）和式（4-13）内，即可得到最优光伏板价格 p^* 和最优光伏板安装面积 s^*。

命题4.1给出了博弈的纳什均衡解，在该纳什均衡解下每个供应链成员都可以最大化自己的净利润。此外，由解析式可以看出，条件 $p^* \in P = [0, +\infty)$ 一定成立。

命题 4.2 平均太阳辐射强度的增加会导致最优度电补贴率降低，但会刺激光伏承建商上涨光伏板价格，还会促进电力企业加大投资规模。

证明：计算命题4.1中均衡解 $E(\Lambda^*, p^*, s^*)$ 的一阶偏导数后得到 $\frac{\partial \Lambda^*}{\partial \mu} = -\frac{2Ac\eta(b+r)^2}{(A\eta\mu(b+r)+c)^2} < 0$，$\frac{\partial p^*}{\partial \mu} = \frac{Ac^2\eta(b+r)}{(A\eta\mu(b+r)+c)^2} > 0$ 以及 $\frac{\partial s^*}{\partial \mu} = \frac{\mu}{4c\lambda\sigma^2} > 0$。由此可知，$\Lambda^*$ 随 μ 单调递减，但 p^* 和 s^* 随 μ 的增加单调递增。

较高的平均光照强度 μ 可以认为是太阳能资源较丰富的地区。因此该命题表明，如果一个城市或地区有充足的太阳能资源，且平均光照强度较高，则政府不应给予过多的度电补贴。但对光伏承建商而言，应当提高太阳光照强度较高地区的光伏板价格，因为投资者在该地区的太阳能收益足以覆盖光伏产品溢价额外产生的成本。研究还表明，电力企业可以在光照条件充足的地方加大光伏项目投资。

命题 4.3 从光伏材料成本的角度出发，存在光伏成本的两个阈值，分别为 $\underline{c} \equiv \frac{r}{2b+r} A\eta\mu(b+r)$ 和 $\bar{c} \equiv A\eta\mu(b+r)$。两阈值将模型分为三种不同的情况，具体如下：

（1）低成本情形：若 $c \in [0, \underline{c})$，则 $\Lambda^* < 0$，$p^* > c$，$s^* > 0$。

(2) 一般成本情形：若 $c\in[\underline{c},\bar{c}]$，则 $0\leq\Lambda^*\leq b$，$p^*\geq c$，$s^*\geq 0$。

(3) 高成本情形：若 $c\in(\bar{c},+\infty)$，则 $\Lambda^*>b$，$0<p^*<c$，$s^*<0$。

证明：首先，对于命题中的一般成本情形，需要求解不等式 $\Lambda^*\geq 0$，也即 $\dfrac{2(b+r)c}{A\eta\mu(b+r)+c}-r\geq 0$，然后能够得到条件 $c\geq\dfrac{r}{2b+r}A\eta\mu(b+r)$。类似地，再求解不等式 $\Lambda^*\leq b$、$p^*\geq c$ 和 $s^*\geq 0$ 后，得到 $c\leq A\eta\mu(b+r)$。显然，不等式 $\dfrac{r}{2b+r}A\eta\mu(b+r)<A\eta\mu(b+r)$ 成立，由此定义 $\underline{c}\equiv\dfrac{r}{2b+r}A\eta\mu(b+r)$ 和 $\bar{c}\equiv A\eta\mu(b+r)$ 分别为光伏成本的两个阈值。命题 4.3 的一般成本情形证毕。同理，命题 4.3 的低成本情形和高成本情形可以分别求解不等式 $\Lambda^*<0$，$p^*>c$，$s^*>0$，以及不等式 $\Lambda^*>b$，$0<p^*<c$，$s^*<0$ 证明。命题 4.3 证毕。

命题 4.3 中的条件 $\Lambda^*\geq 0$ 和 $s^*\geq 0$ 能够保证决策变量具有实际意义，而条件 $\Lambda^*\leq b$ 和 $p^*\geq c$ 是为保证政府和光伏承建商的利润非负。从电力企业的角度看，由于其在纳什均衡解下的最大利润 $\dfrac{(c-A\eta\mu(b+r))^2}{32A^2\eta^2\lambda\sigma^2(b+r)^2}$ 恒为非负值，因此无须讨论能够让电力企业利润非负的条件。

从命题 4.3 中可以发现，唯有处于一般光伏成本情形时，才能保证集中式光伏供应链博弈模型的纳什均衡解存在且具有实际意义。如果光伏成本过低，则政府不需要再对电力企业进行补贴，此时电力企业有能力自己覆盖光伏建设成本并最终实现获利。如果光伏成本过高，则政府无力承担高昂的补贴支出，因为补贴值过高将导致财政赤字。在实际中，全球光伏组件成本从 2007—2019 年下降了 94%~97%。因此，命题 4.3 对不同水平的光伏组件成本进行讨论具有十分重要的意义。该发现也印证了现实中由高光伏成本向一般成本甚至低成本转化的实际发展过程。

导致光伏成本呈现逐年下降的因素较为复杂，但不可否认的是，技术创新与进步是主要原因之一。许多新兴行业都面临着类似的情况，在行业最开始兴起时生产成本往往较高，需要政府进行大力补贴支持甚至不惜出现该项目的财政亏损。但随着光伏行业渗透率增加、技术不断进步，会导致生产成本逐渐降低。此时外部社会效益开始反哺政府之前的补贴投入，政府实现盈利。此时越来越多的企业看好光伏领域的商机，纷纷投资建设大规模光伏阵列。最后，产能过剩现象出现导致成本进一步降低，政府此时无须再对光伏进行补贴。这种补贴逐渐降低的现象在现实中被称为补贴退坡。例如，自 2009 年以来德国始终保持补贴率下降的趋势。值得注意的是，本章仅详细讨论一般成本情形。

4.4 度电补贴政策下的光伏供应链中长期博弈模型

4.4.1 博弈模型构建

本章已经构建并分析了光伏供应链短期博弈模型，有助于供应链决策者理解博弈内在机理、做出最优策略选择。然而，短期博弈模型无法分析中长期博弈决策行为。例如，在光伏补贴方面，美国一些州已经开始逐步减少或取消与度电补贴相关的激励措施。此外从光伏板售价角度出发，从 2010—2018 年美国加利福尼亚、马萨诸塞和纽约的不同类型光伏系统价格均呈现下降趋势，因此有必要从中长期视角研究度电补贴政策的动态重复博弈特征。

基于有限理性理论，本节采用与 Bischi 和 Naimzada 类似的动态调整机制来刻画供应链各成员动态调整决策的行为。具体而言，每个决策主体当期的决策要根据上一期决策的情况、自身边际利润和决策调整速度共同决定。考虑产品使用周期为 $\overline{T}$ 年的光伏发电阵列，定义 $t \in \{1, 2, \cdots, \overline{T}\}$ 代表时间，参数 $g_i \in \mathbb{R}^+$，$i \in \{1, 2, 3\}$ 分别代表政府、光伏承建商和电力企业的决策调整速度。综上，集中式光伏供应链中长期博弈模型有如下差分方程形式。

$$\begin{cases} \Lambda(t+1) = \Lambda(t) + g_1\Lambda(t)\dfrac{\mu(c(2b+r-\Lambda(t))-A\eta\mu(b+r)(r+\Lambda(t)))}{2A\eta\lambda\sigma^2(r+\Lambda(t))^3} \\ p(t+1) = p(t) + g_2 p(t)\dfrac{A\eta\mu(r+\Lambda(t))+c-2p(t)}{A^2\eta^2\lambda\sigma^2(r+\Lambda(t))^2} \\ s(t+1) = s(t) + g_3 s(t)(A\eta(r+\Lambda(t))(\mu-A\eta\lambda\sigma^2 s(t)(r+\Lambda(t)))-p(t)) \\ \Lambda(t) \in A \\ p(t) \in \\ s(t) \in S \end{cases}$$

(4-16)

4.4.2 平衡点及其稳定性分析

根据复杂系统理论，系统达到不动点的条件为

$$\begin{cases} \Lambda(t+1) = \Lambda(t) \\ p(t+1) = p(t) \\ s(t+1) = s(t) \end{cases} \tag{4-17}$$

将式（4-17）代入系统式（4-16）中，解出唯一一个具有实际意义的系统不动点为

$$E(\Lambda^*, p^*, s^*) = \left(\dfrac{2(b+r)c}{A\eta\mu(b+r)+c} - r,\ \dfrac{A\eta\mu(b+r)c}{A\eta\mu(b+r)+c} + \dfrac{c}{2},\ \dfrac{1}{8c\lambda\sigma^2}\left(\mu^2 - \dfrac{c^2}{A^2\eta^2(b+r)^2} \right) \right)$$

(4-18)

当系统收敛到不动点时，迭代值将不随时间改变。但系统不动点的迭代值可能在扰动下发生失稳现象，并产生复杂的决策行为。本节需要在一般光伏成本情形 $c \in [\underline{c}, \bar{c}]$ 下，分析系统不动点 $E(\Lambda^*, p^*, s^*)$ 的稳定性。首先，计算系统的雅可比矩阵如下：

$$J_{ac} = \begin{pmatrix} J_{11} & 0 & 0 \\ J_{21} & J_{22} & 0 \\ J_{31} & J_{32} & J_{33} \end{pmatrix} \tag{4-19}$$

式中，

$$J_{11} = 1 - g_1 \frac{\mu(A\eta\mu(b+r)(r-\Lambda)(r+\Lambda) + c(4\Lambda(b+r) - r(2b+r) - \Lambda^2))}{2A\eta\lambda\sigma^2(r+\Lambda)^4},$$

$$J_{21} = -g_2 p \frac{A\eta\mu(\Lambda+r) + 2c - 4p}{A^2\eta^2\lambda\sigma^2(\Lambda+r)^3},$$

$$J_{22} = 1 - g_2 \frac{4p - A\eta\mu(\Lambda+r) - c}{A^2\eta^2\lambda\sigma^2(r+\Lambda)^2},$$

$$J_{31} = g_3 A\eta s(\mu - 2A\eta\lambda s\sigma^2(r+\Lambda)),$$

$$J_{32} = -g_3 s,$$

$$J_{33} = 1 - g_3(A\eta(r+\Lambda)(2A\eta\lambda s\sigma^2(r+\Lambda) - \mu) + p)。$$

将系统不动点式（4-18）代入雅可比矩阵式（4-16）中，可得

$$J_{ac}(E^*) = \begin{pmatrix} J_{11}(E^*) & 0 & 0 \\ \dfrac{\mu(c+A(b+r)\eta\mu)(c+3A(b+r)\eta\mu)g_2}{8Ac(b+r)^2\eta\lambda\sigma^2} & J_{22}(E^*) & 0 \\ \dfrac{(A(b+r)\eta\mu-c)(c+A(b+r)\eta\mu)^2 g_3}{16A^2c(b+r)^3\eta^2\lambda\sigma^2} & -\dfrac{\left(\mu^2 - \dfrac{c^2}{A^2(b+r)^2\eta^2}\right)g_3}{8c\lambda\sigma^2} & J_{33}(E^*) \end{pmatrix}$$

(4-20)

其中，

$$J_{11}(E^*) = 1 - \frac{g_1\mu(c(2b+r) - Ar(b+r)\eta\mu)(c+A(b+r)\eta\mu)^3}{16Ac^3(b+r)^3\eta\lambda\sigma^2},$$

$$J_{22}(E^*) = 1 - \frac{g_2(c+A(b+r)\eta\mu)(c+3A(b+r)\eta\mu)}{4A^2c(b+r)^2\eta^2\lambda\sigma^2},$$

$$J_{33}(E^*) = 1 - \frac{g_3 c(A(b+r)\eta\mu - c)}{2(c+A(b+r)\eta\mu)}。$$

由于雅可比矩阵式（4-20）是三角阵，所以其特征值为对角元素。定义 $\lambda_i^e(E^*)$，$i \in \{1, 2, 3\}$ 为矩阵式（4-20）的三个特征值，即 $\lambda_1^e(E^*) = 1 - g_1 \dfrac{\mu(c(2b+r) - A\eta\mu r(b+r))(A\eta\mu(b+r)+c)^3}{16Ac^3\eta\lambda\sigma^2(b+r)^3},$

$$\lambda_2^e(E^*) = 1 - g_2 \frac{(A\eta\mu(b+r)+c)(3A\eta\mu(b+r)+c)}{4A^2c\eta^2\lambda\sigma^2(b+r)^2} \text{ 和 } \lambda_3^e(E^*) = 1 -$$

$g_3 \frac{c(A\eta\mu(b+r)-c)}{2(A\eta\mu(b+r)+c)}$。

命题 4.4 存在三个决策调整速度的阈值 $\hat{g}_1, \hat{g}_2, \hat{g}_3 \in \mathbb{R}^+$。其中，$\hat{g}_1 =$

$$\frac{32Ac^3\eta\lambda\sigma^2(b+r)^3}{\mu(A\eta\mu(b+r)+c)^3(c(2b+r)-A\eta\mu r(b+r))}, \hat{g}_2 = \frac{8A^2c\eta\lambda\sigma^2(b+r)^2}{(A\eta\mu(b+r)+c)(3A\eta\mu(b+r)+c)}$$

和 $\hat{g}_3 = \frac{8}{A\eta\mu(b+r)-c} + \frac{4}{c}$。当调整速度大于其对应的阈值同时单位圆上没有其他特征值时，系统会出现 Flip 分岔现象。

证明：根据 Kuznetsov 等有关分岔类型的研究，首先不难证明不等式 $\lambda_i^e(E^*) < 1$。因为每个特征值均可视为 1 减去一个正数。然后，很容易证明不等式 $\frac{\partial \lambda_i^e(E^*)}{\partial g_i} < 0$。又因为 $\lim_{g_i \to +\infty} \lambda_i^e(E^*) = -\infty$，因此存在阈值 $\hat{g}_i$ 使得特征值为 -1，即 $\lambda_i^e(E^*) = -1$。阈值 $\hat{g}_i$ 的具体解析解可通过求解方程 $\lambda_i^e(E^*) = -1$ 得到。

命题 4.4 给出了调整速度阈值的解析式，分析了决策调整速度如何影响系统不动点的稳定性。值得注意的是，观察 $\hat{g}_i$ 的解析式后可以发现，电力企业的风险规避程度不会影响自身决策调整速度的阈值，但会影响政府和光伏承建商的决策调整。该结论表明政府和光伏承建商更应该在中长期运营中关注电力企业对风险的规避程度。

4.4.3 分岔与混沌控制

Larsen 等讨论了在运营管理中分岔和混沌现象所产生的种种弊端。为了给集中式光伏供应链中的决策主体提供一种可操作的混沌控制方法和路径并降低分岔与混沌的危害，本节通过构建混沌控制系统对中长期重复博弈模型中的分岔与混沌现象进行控制。已有文献考虑多种类型的混沌控制方法。本节采用与 Ma 和 Zhang 相似的延迟反馈控制法来控制分岔和混沌。

具体而言，定义反馈强度参数 $l_i \geq 0$，$i \in \{1, 2, 3\}$。在对某一决策主体的决策变量进行混沌控制时，仅让该决策变量对应的反馈强度参数为正，而其余的反馈强度参数为零即可。将三个反馈项 $l_i(\Lambda(t+1-\tau)-\Lambda(t+1))$、$l_i(p(t+1-\tau)-p(t+1))$ 和 $l_i(s(t+1-\tau)-s(t+1))$ 分别添加到系统式（4-16）中的各决策迭代方程，其中 $\tau \in \mathbb{N}^+$ 为延迟参数，代表延迟反馈周期数。通过重塑非线性重复博弈系统式（4-16），得到新的混沌控制系统如下：

$$\begin{cases} \Lambda(t+1) = \Lambda(t) + g_1\Lambda(t)\dfrac{\mu(c(2b+r-\Lambda(t))-A\eta\mu(b+r)(r+\Lambda(t)))}{2A\eta\lambda\sigma^2(r+\Lambda(t))^3} \\ +l_1(\Lambda(t+1-\tau)-\Lambda(t+1)) \\ p(t+1) = p(t) + g_2 p(t)\dfrac{A\eta\mu(r+\Lambda(t))+c-2p(t)}{A^2\eta^2\lambda\sigma^2(r+\Lambda(t))^2} \\ +l_2(p(t+1-\tau)-p(t+1)) \\ s(t+1) = s(t) + g_3 s(t)(A\eta(r+\Lambda(t))(\mu-A\eta\lambda\sigma^2 s(t)(r+\Lambda(t)))-p(t)) \\ +l_3(s(t+1-\tau)-s(t+1)) \\ \Lambda(t) \in A \\ p(t) \in P \\ s(t) \in S \end{cases}$$

(4-21)

本章仅考虑1周期延迟，即 $\tau=1$。将 $\tau=1$ 和式（4-17）一起代入控制系统式（4-21）中，求出不动点后发现控制系统的不动点 E^* 与式（4-18）结果相同。为了研究控制系统式（4-21）的稳定性，计算其雅可比矩阵如下：

$$J_{ac} = \begin{pmatrix} 1+\dfrac{1}{1+l_1}(J_{11}-1) & 0 & 0 \\ \dfrac{1}{1+l_2}J_{21} & 1+\dfrac{1}{1+l_2}(J_{22}-1) & 0 \\ \dfrac{1}{1+l_3}J_{31} & \dfrac{1}{1+l_3}J_{32} & 1+\dfrac{1}{1+l_3}(J_{33}-1) \end{pmatrix} \quad (4\text{-}22)$$

由于新系统的雅可比矩阵式（4-22）仍是三角矩阵，其特征值仍为矩阵的对角元素。定义新系统的特征值为 λ_i^c，$i \in \{1, 2, 3\}$。将不动点式（4-18）代入特征值 λ_i^c 后，得到 $\lambda_i^c(E^*) = 1 + \dfrac{1}{1+l_i}(\lambda_i^e(E^*) - 1)$，$i \in \{1, 2, 3\}$。基于分岔与混沌理论，能够得到如下命题。

命题4.5　对于集中式光伏供应链控制系统，存在反馈强度参数的阈值 $\hat{l}_i = -\dfrac{1+\lambda_i^e(E^*)}{2} \in \mathbb{R}^+$，$i \in \{1, 2, 3\}$。如果反馈强度参数逐渐增大并超过其阈值，则可以将系统由混沌分岔状态控制回到稳定状态。

证明：因为 $\dfrac{d\lambda_i^c(E^*)}{dl_i} = \dfrac{1-\lambda_i^e(E^*)}{(1+l_i)^2} > 0$，$i \in \{1, 2, 3\}$，所以特征值随着反馈强度的变大而单调递增。又因为 $\lim\limits_{l_i \to +\infty} \lambda_i^c(E^*) = 1$，$i \in \{1, 2, 3\}$，因此当特征值随着反馈强度 l_i 的增大而大于阈值 $\hat{l}_i$ 后，特征值将大于-1。最后可通过解方程 $\lambda_i^c(E^*) = -1$，即求解方程 $1 + \dfrac{1}{1+l_i}(J_i(E^*) - 1) = -1$，$i \in \{1, 2, 3\}$，来推导出阈值 $\hat{l}_i$ 的解析式。

命题4.5通过延迟反馈法进行混沌控制下反馈强度阈值的求解方法。该发现帮助供应链决策主体在出现混沌决策行为后，再将系统控制回稳定状态。

4.5　数值分析

本章以中国西昌市以及纬度与之相近的美国奥兰多市的实际光照强度、电价等数据为基础，通过案例结果验证本章所构建模型的有效性，检验度电补贴政策下集中式光伏短期博弈模型和中长期重复博弈模型结果，旨在为我国度电补贴政策设计提供理论支持，给我国集中式光伏供应链决策者的策略选择提供时效建议。

4.5.1 西昌市案例数据来源与短期博弈模型数值分析

首先，考虑一个位于中国西昌市①的集中式光伏项目投资问题。同时考虑服务该地区的上市电力公司——西昌电力（公司代码：600505）。从该公司年报中可以看到，公司的经营业务之一包括光伏发电业务，其收入包括上网电费收入、政府补贴等。

西昌电力的管理者需要考虑投资集中式光伏阵列来优化升级电力企业的能源结构，因此有必要详细调查该地区日照辐射强度值的历史数据。可以通过指标 GHI（Global Horizontal Irradiance），对日照强度进行评估，其单位为 $kW \cdot h/m^2/d$。该指标在实践中被广泛应用于光伏行业。在对该数据数值的观测记录过程中，同时考虑了气体、气溶胶和云的吸收、散射等因素的影响。

本章收集并整理了从 2017 年 8 月 1 日至 2020 年 7 月 31 日西昌市的 GHI 数据，并将其绘制成图 4-2。图 4-2（a）给出了 GHI 数据随时间的变化图。图中数据显示出明显的光照强度随季节变化趋势，即夏季光伏发电量高于冬季。在图 4-2（b）中，横轴为 GHI 数值，可以看作博弈模型中的参数 $\tilde{k}$；柱形为 GHI 的统计直方图；虚线表示由 GHI 数据拟合生成的正态分布概率密度曲线，其平均值为 $\mu = 4.91841 kW \cdot h/m^2/d$，标准差为 $\sigma = 1.795997$。可以看出，正态分布的拟合曲线能够较好地描述西昌市的光照强度。

此外，为了估计模型中的电价参数 r，本章以西昌电力 2018 年年报中所披露数据为基础，对该参数进行估计。年报披露了其持有 51% 股权的子

---

① 西昌市的地理位置为纬度 27°52′48″N、经度 102°11′24″E。

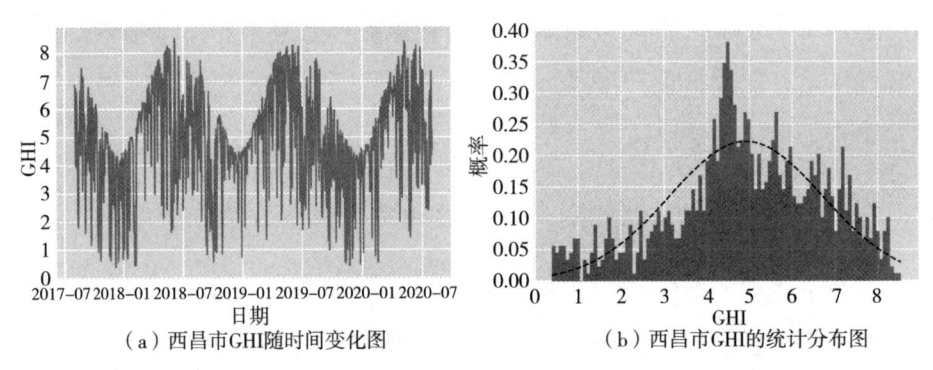

(a) 西昌市GHI随时间变化图
(b) 西昌市GHI的统计分布图

图4-2　2017年8月1日至2020年7月31日中国西昌市太阳辐射数据

公司——盐源丰光新能源有限公司所属的塘泥湾光伏电站（其位置距西昌市较近）在2018年的上网电价为0.772元/（kW·h）。基于实际汇率情况，取2018年美元兑人民币汇率最低值6.2764和最高值6.967的加权平均，可得1美元兑换6.6217元人民币。因此，2018年西昌市的上网电价可换算为$r = 0.116586375$ \$/（k·Wh）。

源自美国国家可再生能源实验室的研究表明，在IEC60904-3第2版或ASTM G173的标准下，光伏的发电效率一般在12.3%~47.1%。本章考虑光伏承建商使用的光伏板效率为$\eta = 45\%$。

另外，考虑光伏承建商使用的光伏板由72个单晶硅材料单元所组成。在实际中，这样的高压光伏板尺寸一般为2m长，1m宽；面积约为2m²；设计功率为400W，因此1m²的功率约为200W。此外，考虑光伏板的平均售价约为0.25 \$/W。因此，可以很容易地换算出光伏板的成本为$c = 50$ \$/m²。

社会效益受多种因素影响，例如，可再生能源可以帮助减少碳排放，从而获得环境效益。此外，该效益还包括创造新的就业、有利于国家能源供给侧结构性改革等。本章为外部社会收益赋值$b = 2.5$ \$/（kW·h）。最后，将电力企业的风险厌恶因子设定为$\lambda = 2 \times 10^{-7}$。

前文对度电补贴政策下集中式光伏发电模型中的基准参数值进行了探讨。在基准参数下，可以计算出政府的最优补贴率为2.308 \$/（kW·h），最优光伏板价格为51.833 \$/m²，最优光伏投资面积为23867m²。此外，本节还通过参数敏感性分析研究西昌市光伏纳什均衡解的鲁棒性。通过改变一部分参数的取值,令其在基准参数的基础上改变±10%。表4-1不仅总结了基准参数下的均衡解,还给出了参数c、b、λ在不同取值下纳什均衡解的值。从表中可以看出,如果光伏组件成本越高,则光伏板售价和政府补贴越高;但也会导致电力企业的投资规模越小。此外,若电力企业的风险规避程度偏好越大,则电力企业光伏板的安装量越少。

表 4-1 西昌市模型结果及敏感性分析

最优解与阈值	基准参数	$c=45$	$c=55$	$b=2.25$	$b=2.75$	$\lambda=1.8\times10^{-7}$	$\lambda=2.2\times10^{-7}$
Λ^*	2.308	2.172	2.433	2.195	2.410	2.308	2.308
p^*	51.833	47.823	55.709	50.581	52.963	51.833	51.833
s^*	23867	41270	8356	8323	35523	26518	21697
$\underline{c}$	1.320	1.320	1.320	1.323	1.317	1.320	1.320
$\bar{c}$	57.913	57.913	57.913	52.379	63.446	57.913	57.913
$\hat{g}_1$ [1]	1.351	1.266	1.424	1.298	1.393	1.216	1.486
$\hat{g}_2$ [2]	1.482	1.430	1.524	1.380	1.575	1.334	1.630
$\hat{g}_3$	1.091	0.708	2.820	3.442	0.675	1.091	1.091

1 $\hat{g}_1$ 行中数值均为有效数字,需乘以 10^{-7}。

2 $\hat{g}_2$ 行中数值均为有效数字,需乘以 10^{-6}。

4.5.2 奥兰多市案例数据来源与短期博弈模型数值分析

考虑一个位于美国佛罗里达州奥兰多市①的集中式光伏项目投资问题,当地政府通过一系列法案来刺激光伏发展,如 2017 年佛罗里达州州长就签署了一项参议院法案(Senate Bill 90),旨在通过提供更多的财产税豁免政策来提高光伏装机率。该项目的电力企业管理者同样要对日照强度 GHI 进

---

① 奥兰多市的地理位置为纬度 28°34′4.11″N、经度 −81°22′42.9″E。

行评估，进而考虑投资集中式光伏阵列。

与西昌市数据的时间范围相同，本章收集并整理了从 2017 年 8 月 1 日—2020 年 7 月 31 日奥兰多市的日照强度数据，并绘制了图 4-3。其中，图 4-3（a）展示了随时间变化的 GHI 数据，呈现同样的季节周期特性。图 4-3（b）中柱形为 GHI 的统计直方图；虚线为拟合的正态分布概率密度曲线，其平均值为 $\mu = 4.789248 kW \cdot h/m^2/d$，标准差为 $\sigma = 1.625264$。正态分布曲线对奥兰多市光照强度的拟合情况同样较为理想。

（a）奥兰多市GHI随时间变化图

（b）奥兰多市GHI的统计分布图

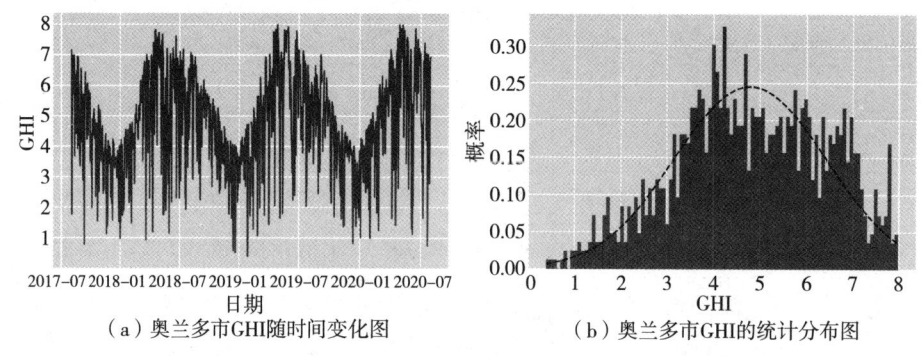

图 4-3 2017 年 8 月 1 日—2020 年 7 月 31 日美国奥兰多市太阳辐射数据

此外，为了估计模型中的电价 r，本章基于美国能源信息署网站信息，收集了 2018 年佛罗里达州不同电力企业的实际电力零售价格，并将其整理在表 4-2 中。由于每个电力企业的电价、售电量均不相同，因此采用加权平均的方法来估计该地区平均电费水平。具体而言，先将某电力企业的售电量乘以其平均价格得出该电力企业的收入。再将所有电力企业的收入相加后，除以全部电力企业的电量总额，即可得到该地区加权平均电费约为 $r = 0.1153891 \$/kW \cdot h$。在表 4-2 的所有权一列中，"MUN."表示市政所有，"COOP."为合伙制，"I.O."为股东所有。

表4-2 2018年佛罗里达州电力企业电费与销售电量

企业名称	所有权	销量 (MW·h)	收益 (x10³ $)	平均电价 (x0.01 $/(kW·h))
Beaches Energy Services	MUN.	446930	50597.5	11.32
Central Florida Elec Coop, Inc	COOP.	367098	47938.3	13.06
Choctawhatche Elec Coop, Inc	COOP.	668113	78557.8	11.76
City of Alachua- (FL)	MUN.	45011	5217.0	11.59
City of Bartow- (FL)	MUN.	138228	15428.0	11.16
City of Clewiston	MUN.	51339	5356.6	10.43
City of Green Cove Springs	MUN.	51936	6126.0	11.80
City of Homestead- (FL)	MUN.	319942	44783.9	14.00
City of Lake Worth- (FL)	MUN.	253196	23170.0	9.15
City of Lakeland- (FL)	MUN.	1524443	164758.1	10.81
City of Leesburg- (FL)	MUN.	249521	31044.0	12.44
City of Ocala	MUN.	532411	50162.1	9.42
City of Starke- (FL)	MUN.	24302	2841.1	11.69
City of Tallahassee- (FL)	MUN.	1122468	128532.6	11.45
City of Vero Beach- (FL)	MUN.	373275	48995.8	13.13
City of Winter Park- (FL)	MUN.	182829	22553.0	12.34
Clay Electric COOP., Inc	COOP.	2270492	269695.0	11.88
Duke Energy Florida, LLC	I.O.	20635601	2710575.1	13.14
Escambia River Elec Coop, Inc	COOP.	146459	20123.0	13.74
Florida Keys El Coop Assn, Inc	COOP.	402886	46620.0	11.57
Florida Power & Light Co	I.O.	59106811	6402572.0	10.83
Florida Public Utilities Co	I.O.	317473	45734.0	14.41
Fort Pierce Utilities Authority	MUN.	240456	28776.0	11.97
Gainesville Regional Utilities	MUN.	833940	106487.3	12.77
Glades Electric Coop, Inc	COOP.	158887	23310.0	14.67
Gulf Coast Electric Coop, Inc	COOP.	263200	33510.4	12.73

续 表

企业名称	所有权	销量 (MW·h)	收益 (x10³ $)	平均电价 (x0.01 $/ (kW·h))
Gulf Power Co	I.O.	5519379	697865.5	12.64
Havana Power & Light Company	MUN.	13855	1485.0	10.72
JEA	MUN.	5460245	623234.0	11.41
Kissimmee Utility Authority	MUN.	864038	100498.0	11.63
Lee County Electric Coop, Inc	COOP.	2750609	290576.7	10.56
New Smyrna Beach City of	MUN.	281667	29396.0	10.44
Okefenoke Rural El Member Corp	COOP.	153062	18669.2	12.20
Orlando Utilities Comm	MUN.	2587797	290471.0	11.22
Peace River Electric Coop, Inc	COOP.	507173	65431.3	12.90
Reedy Creek Improvement Dist	MUN.	132	13.0	9.85
Sumter Electric Coop, Inc	COOP.	2344414	280895.0	11.98
Suwannee Valley Elec Coop Inc	COOP.	304201	39259.6	12.91
Talquin Electric Coop, Inc	COOP.	688411	92060.0	13.37
Tampa Electric Co	I.O.	9418149	1067300.9	11.33
Tri-County Electric Coop, Inc	COOP.	175921	25029.9	14.23
Utility Board of the City of Key West, F	MUN.	353116	45031.0	12.75
West Florida El Coop Assn, Inc	COOP.	317096	42878.0	13.52
Withlacoochee River Elec Coop	COOP.	2829803	334272.4	11.81

为保证数值结果具有比较意义，剩余参数 η、c、b 和 λ 的取值与西昌市案例中的值相同。在奥兰多市的日照强度数据下，计算得出政府的最优补贴率为 2.343 \$/(kW·h)，最优光伏板价格为 51.496 \$/m²，最优光伏投资面积为 23133 m²。另外，通过改变相同比例的基准参数值，表 4-3 汇总了不同参数 c、b、λ 取值下的纳什均衡解。对比表 4-3 和表 4-1 后发现：①西昌市所需的最优补贴较低、最优光伏板价格更高且最优投资量更大，这也印证了命题 4.2 的结论；②本章所构建的短期博弈模型具有较广泛的

应用场景，能够为度电补贴政策下光伏投资问题的刻画和求解提供理论支撑。

表 4-3 奥兰多市模型结果及敏感性分析

最优解与阈值	基准参数	$c=45$	$c=55$	$b=2.25$	$b=2.75$	$\lambda=1.8\times10^{-7}$	$\lambda=2.2\times10^{-7}$
Λ^*	2.343	2.207	2.468	2.227	2.449	2.343	2.343
p^*	51.496	47.523	55.337	50.242	52.629	51.496	51.496
s^*	23133	43734	4724	4125	37386	25703	21030
$\underline{c}$	1.271	1.271	1.271	1.274	1.269	1.271	1.271
$\bar{c}$	56.366	56.366	56.366	50.978	61.754	56.366	56.366
$\hat{g}_1$ 1	1.184	1.111	1.245	1.135	1.223	1.066	1.303
$\hat{g}_2$ 2	1.256	1.214	1.290	1.168	1.336	1.130	1.382
$\hat{g}_3$	1.337	0.793	5.930	8.260	0.761	1.337	1.337

1 $\hat{g}_1$ 行中数值均为有效数字，需乘以 10^{-7}。

2 $\hat{g}_2$ 行中数值均为有效数字，需乘以 10^{-6}。

4.5.3 中长期博弈模型数值分析

本章虽基于实际案例和数据给出了短期纳什均衡解和主要阈值的数值结果，但还需研究决策者中长期的博弈行为特征。以奥兰多市案例中的参数为例，图 4-4 给出了在基准参数下命题 4.4 中的特征值随调整速度和光伏成本变化的三维图，以及三维稳定域。以图 4-4（a）为例，深色曲面表示特征值，浅色水平面表示值为-1 的基准平面。曲面代表的特征值从 1 开始，随着决策调整速度和光伏成本 c 的增加而降低。当深色曲面穿过浅色平面时，与之相交处的曲线即为 Flip 分岔的临界值，即 $\hat{g}_1$。观察图 4-4（b）和图 4-4（c）后，能够得到与图 4-4（a）类似的发现。唯一的区别是特征值将随光伏成本先下降，然后逐渐上升。图 4-4（d）根据朱瑞判据准则，计算出系统式（4-16）的三维稳定域。当参数取值在图中所示的深色区域内时，系统将保持稳定状态。

此外，图 4-5 展示了重复博弈系统中的分岔混沌现象以及混沌控制效

(a) $\lambda_1^e(E^*)$的特征值

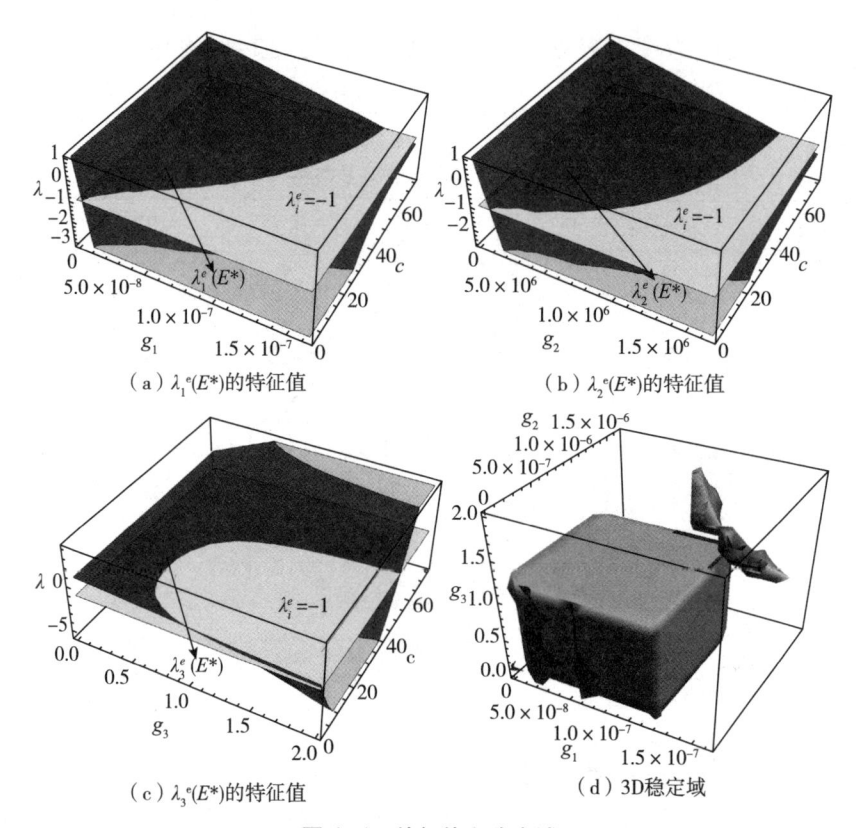

(b) $\lambda_2^e(E^*)$的特征值

(c) $\lambda_3^e(E^*)$的特征值

(d) 3D稳定域

图 4-4　特征值和稳定域

果。具体而言，图 4-5（a）绘制了度电补贴率的分岔图。从图中可以看出，当调整决策速度 g_1 从较小的值逐渐增大到大于阈值 $\hat{g}_1$ 时，政府将从单一决策行为变为多周期甚至混沌决策行为。在混沌决策下，系统失去稳定性，政府的决策调整变得频繁且不容易被预测。类似地，图 4-5（b）和图 4-5（c）分别给出了光伏承建商和电力企业决策的分岔图。由于决策行为同样呈现 Flip 分岔特征，因此各决策变量的系统演化行为特征相似、图形结构特征相近。最后，图 4-5（d）揭示了命题 4.5 中关于反馈强度参数阈值的发现。以阈值 $\hat{l}_1$ 为例，当政府的决策调整速度过快而导致系统处于混沌状态时，系统随着反馈强度增大最终回到了稳定状态。该阈值有助于指导决策者在系统失稳时及时改变自身的决策调整速度，帮助系统重回稳态。

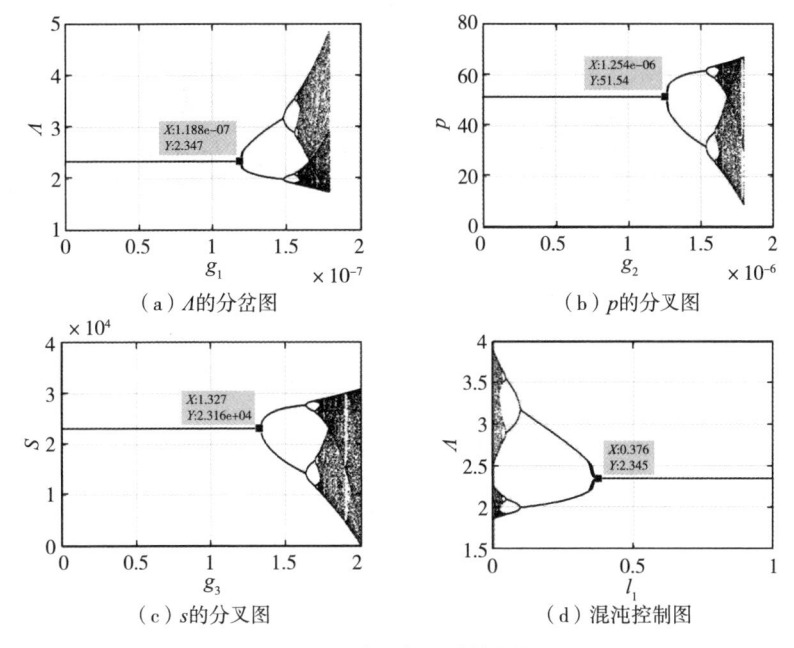

图 4-5　分岔与混沌控制图

除研究供应链成员中长期博弈行为外，还需研究中长期运营的盈利情况。图 4-6（a）绘制了政府中长期利润随参数 g_1 和 g_3 的变化图。从图中可以看出，政府的平均利润随着自身和电力企业调整速度的增加直至超过阈值后，平均利润开始大幅下降。该结果表明，由决策调整速度变化引发系统进入分岔或混沌状态后，政府的收益将因此受到很大冲击。图 4-6（b）和图 4-6（c）的结论与之相似，均可以看出分岔与混沌会损害光伏供应商和电力企业的利润。"混沌会损害决策主体收益"的结论也相互印证了 Ma 和 Xie 等学者的研究结论。

在前文的数值分析中，中长期博弈系统的初始值被设定为与纳什均衡解十分相近的基准值，即 $\Lambda(1) = 2.34253$，$p(1) = 51.5042$，$s(1) = 23242.4$。但根据复杂系统理论可知，系统的演化特征会因初始值的不同而受到影响。为研究细小波动如何影响重复博弈系统复杂特征，图 4-7 分别绘制了三个供应链成员的决策变量在基准初始值和另一初始值下的时间序列，需注意

(a) 政府平均利润

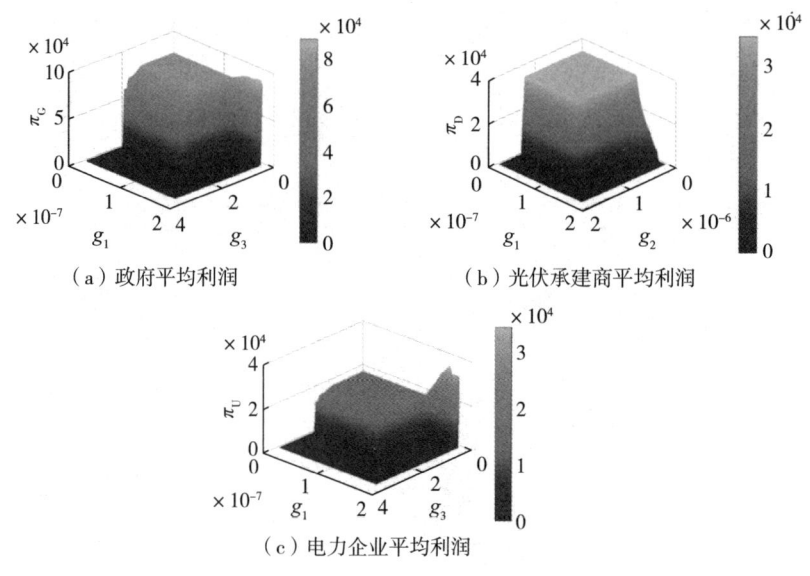

(b) 光伏承建商平均利润

(c) 电力企业平均利润

图 4-6 不同决策者的中长期利润图

的是两个初始值之间仅有非常细微的差别。图中的星花实线代表初值为基准值时决策变量随时间的演化路径，圆圈虚线是在基准值基础上附加微小扰动后决策变量随时间的演化路径。以图 4-7（a）为例，可以看到当补贴的初始值增加一个小增量 0.006 后的系统演化情况如圆圈虚线所示，其与虚花实线的基准演化路径在 $t=6$ 期后偏离程度大幅增大。但在 $t=60$ 期后，两演化路径特征会趋于一致，开始周期为 6 的迭代演化，但迭代演化路径会出现周期为 3 的延迟，可见初始值的微小波动能对决策过程产生重大影响。因此，政策制定者应该非常谨慎地设计度电补贴政策。图 4-7（b）和图 4-7（c）与之相似，分别给出了光伏承建商和电力企业在不同初值下的演化时间序列。

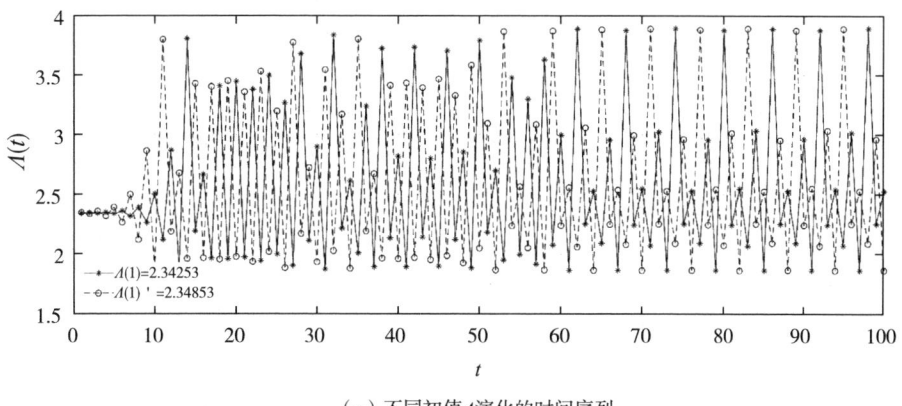

(a)不同初值A演化的时间序列

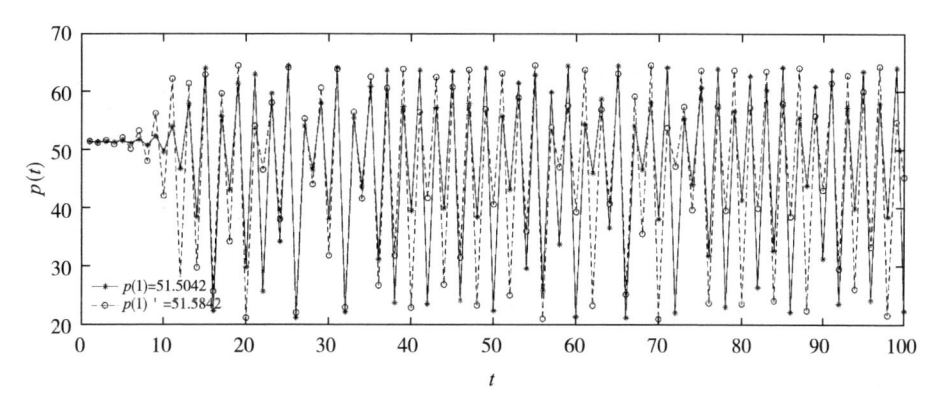

(b)不同初值p演化的时间序列

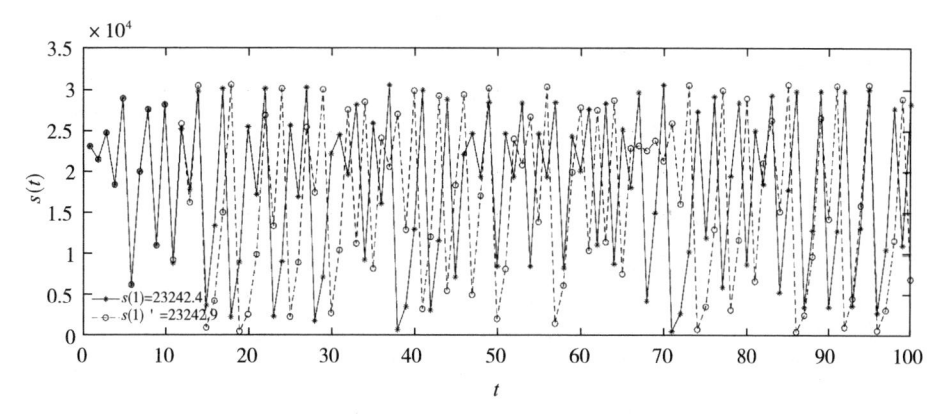

(c)不同初值s演化的时间序列

图4-7 不同决策变量的初值敏感性分析

4.6 考虑弃光情形下的短期博弈模型

前文研究了度电补贴政策下的光伏供应链博弈问题。然而，研究中并没有考虑弃光现象对供应链博弈的影响。弃光是指光伏发电厂自愿或被强制地降低太阳能输出功率。出于经济因素或保护电网可靠性等因素，在实践中可能出现弃光现象。随着光伏装机量的增加，弃光量也呈现大幅上升趋势。图4-8绘制了从2017年6月—2021年8月美国加利福尼亚州每月弃光量的柱状图。从图中可以看出，月弃光量不仅随时间呈现上升的趋势，而且呈现季节性波动的特征。其中，春季弃光量最为突出。因此，本节将研究弃光对集中式光伏供应链博弈的影响。

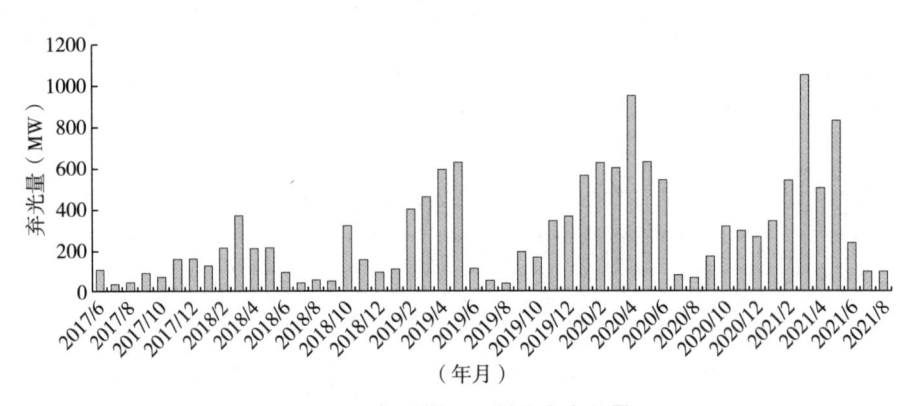

图4-8 加利福尼亚州月弃光总量

定义参数 $\gamma \in [0, 1]$ 为弃光率，即弃光量占总发电量的比例。考虑弃光后，可以将电力企业的利润函数式（4-1）更新为

$$\pi_U(s, \tilde{k}) = \int_0^T e^{-\rho t} \eta \tilde{k}(r + \Lambda) s\, dt - ps - \gamma \int_0^T e^{-\rho t} \eta \tilde{k}(r + \Lambda) s\, dt \quad (4-23)$$

式中，最后一项 $\gamma \int_0^T e^{-\rho t} \eta \tilde{k}(r+\Lambda) s dt$ 表示弃光造成的太阳能产出的减少，并由此导致电力企业收益减少。由于此处对风险规避的刻画与式（4-3）到式（4-5）的处理过程相一致，因此忽略上述处理过程，不加证明地给出电力企业在考虑弃光下的期望利润：

$$\pi_U(s) = (A\eta\mu(1-\gamma)(r+\Lambda)-p)s - \frac{1}{2}\lambda A^2\eta^2\sigma^2(r+\Lambda)^2(1-\gamma)^2 s^2 \quad (4-24)$$

此外，从光伏承建商的角度看，由于在考虑弃光下其利润函数没有改变，所以光伏承建商的利润函数仍为式（4-6）。然而从政府的角度看，在考虑弃光后其利润函数需要改写为

$$\pi_G(\Lambda, \tilde{k}) = \int_0^T e^{-\rho t}\eta\tilde{k}(b-\Lambda)s - \int_0^T e^{-\rho t}\gamma\eta\tilde{k}(b-\Lambda)s \quad (4-25)$$

与前文对式（4-7）的处理方式相类似，在考虑弃光情形下可以计算出政府的期望利润：

$$\pi_G(\Lambda) = A\eta\mu(1-\gamma)(b-\Lambda)s \quad (4-26)$$

与前文模型的均衡解加以区分，用上标"CT"表示在考虑弃光下的光伏供应链模型。为行文简便，也可以称该模型为弃光供应链模型。

命题 4.6 考虑弃光情形下个光伏供应链成员的纳什均衡解是 $(\Lambda^{CT*}, p^{CT*}, s^{CT*}) =$

$$\left(\frac{2(b+r)c}{A\eta\mu(1-\gamma)(b+r)+c} - r, \frac{A\eta\mu(1-\gamma)(b+r)c}{A\eta\mu(1-\gamma)(b+r)+c} + \frac{c}{2}, \frac{1}{8c\lambda\sigma^2}\left(\mu^2 - \frac{c^2}{A^2\eta^2(1-\gamma)^2(b+r)^2}\right) \right).$$

其中，$c \in \{\underline{c}^{CT}, \bar{c}^{CT}\}$，$\underline{c}^{CT} \equiv \frac{r}{2b+r}A\eta\mu(1-\gamma)(b+r)$，$\bar{c}^{CT} \equiv A\eta\mu(1-\gamma)(b+r)$。

命题 4.6 考虑弃光的情形，可以通过与命题 4.1 和命题 4.3 相似的证明过程进行验证（此处不再重复证明过程）。对比后看出，考虑弃光情形下博弈的纳什均衡解依旧保持类似的结构：也可以按照成本 c 分为三种情况。计算出的新的成本阈值 $\underline{c}^{CT}$ 和 $\bar{c}^{CT}$，仍可分为低成本、一般成本与高成本的情形。在基准参数值下，图 4-9 揭示了弃光如何影响成本阈值。从图中可以

看出，随着弃光率 γ 的升高，两成本阈值 $\underline{c}^{CT}$、$\bar{c}^{CT}$ 随着弃光率的升高而降低。

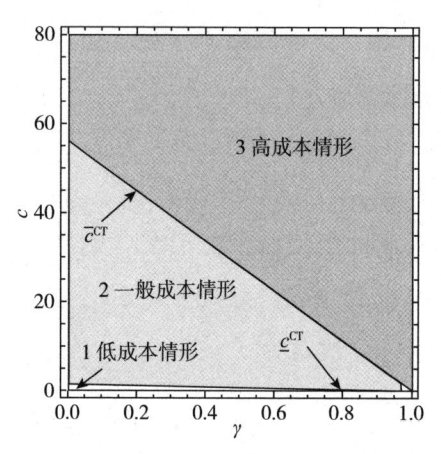

图 4-9 光伏成本阈值随弃光率 γ 的变化情况

命题 4.7 在考虑现实中的弃光情形下，弃光会导致：

(1) 电力企业减少光伏投资量；

(2) 光伏承建商下调光伏板的价格；

(3) 政府需要提高度电补贴水平。

证明：当 $\gamma \in (0, 1)$ 时，命题 4.7 (1) 可以通过计算两情形下最优投资量的差值验证，即 $s^* - s^{CT*} = \dfrac{c(2-\gamma)\gamma}{8A^2(1-\gamma)^2\eta^2\lambda\sigma^2(b+r)^2} > 0$。命题 4.7 (2) 可通过计算 $p^* - p^{CT*} = \dfrac{1}{2}A\gamma\eta\mu r > 0$ 证明。命题 4.7 (3) 可通过计算 $\Lambda^* - \Lambda^{CT*} = -\dfrac{2Ac\gamma\eta\mu(b+r)^2}{(A\eta\mu(b+r)+c)(A\eta\mu(1-\gamma)(b+r)+c)} < 0$ 证明。命题 4.7 证毕。

命题 4.7 揭示了弃光对光伏供应链内在博弈的影响，其结论对实践具有非常重要的指导意义。值得注意的是，在弃光量较多的地区，政府需要加大度电补贴政策的刺激力度，促进电力企业对大规模光伏项目的发展。该结论为政府度电补贴政策的制定提供了理论依据。

为比较弃光对供应链成员利润的影响，图4-10在基准参数下绘制了考虑弃光前后两模型分别在各自最优解下的最优利润。令上标"BS"代表不考虑弃光时的基本模型。图中的空白区域代表基本模型下供应链成员的利润大于弃光模型利润的情况；深色区域代表基本模型下供应链成员的利润小于弃光模型中利润的情况；灰色代表不在讨论范围内的低光伏成本和高光伏成本区域。从图4-10（a）和图4-10（b）中可以看出，无论弃光率如何，弃光都会损害政府和光伏承建商的利润。然而从图4-10（c）中可以看出，电力企业在考虑弃光后虽然减少了对大规模光伏阵列的投资，但由于政府加大了度电补贴的力度、光伏承建商降低了光伏板的售价，因此电力企业的利润反而上升。该发现较为反直觉，电力企业应引起足够的重视。

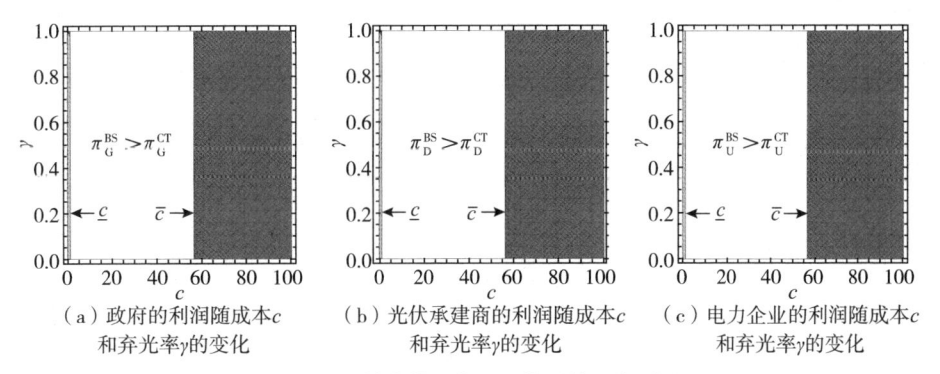

（a）政府的利润随成本c和弃光率γ的变化

（b）光伏承建商的利润随成本c和弃光率γ的变化

（c）电力企业的利润随成本c和弃光率γ的变化

图4-10 基本模型与CT模型的利润对比

4.7 本章小结

通过构建包括政府、光伏承建商和电力企业在内的集中式光伏供应链主从博弈模型，研究了度电补贴政策对供应链博弈的影响。通过求解纳什均衡解，为各供应链成员的最优决策提供理论建议。发现了关于光伏材料成本的两个阈值，并以此将光伏发展划分为三种情形。此外，还考虑光伏运营中的弃光现象对光伏供应链决策的影响，构建弃光情形下的供应链短期博弈模型，给出在弃光情形下供应链的最优策略。以中国西昌市和美国奥兰多市的实际数据为例，对所构建模型进行数值研究。研究结果表明，在弃光情形下电力企业会减少集中式光伏项目的产能；光伏承建商会降低光伏板的价格；政府因此需要提高度电补贴水平。弃光还会提升电力企业的利润，但也会降低政府和光伏承建商的利润。

此外，为研究中长期政策对供应链成员间博弈行为特征的影响，构建了中长期重复博弈模型，从有限理性角度出发探讨系统不动点的稳定性，计算出供应链成员决策调整速度的阈值。以该阈值为基准，区分供应链成员不同的决策行为特征，揭示系统的复杂演化行为对供应链成员中长期运营及利润的影响。

第5章

政策惩罚电力企业视角下的光伏供应链博弈研究

5.1 问题背景

可再生能源配额制政策（简称配额制）是指一个国家或地区以立法等形式，强制要求电力企业在一段时间内可再生能源的发电量占总发电量达到一定比例。若电力企业不能完成该配额要求，电力企业将受到相应惩罚。目前，大部分实施了配额制的国家和地区都逐步提升了配额制所要求的可再生能源发电比例。以美国为例，自最初实施配额制以来，美国有超过一半的州提高了配额制的目标。其中，加利福尼亚州公用事业委员会将配额制要求的可再生能源发电比例从2020年的33%提高到2050年的60%。值得注意的是，配额制不仅是美国、英国等发达国家发展可再生能源的重要工具，在中国等发展中国家同样发展迅速。中国承诺在2030年左右实现二氧化碳的排放量达到峰值、2060年前实现碳中和的"双碳"目标同样可被视为配额制的一种形式。可再生能源发电的认证方式主要通过可再生能源凭证（Renewable Energy Credit，以下简称凭证）实现。该凭证是指发电设备每发出1MW·h的可再生能源电力，就给该发电设备的所有者记录1单位的凭证。发电者可自己直接使用该凭证，也可以通过交易市场卖给有需要的电力企业，以完成配额制所规定的任务指标。

然而，配额制政策给电力企业带来了全新的挑战，电力企业需要考虑如何获取足够多的凭证来符合配额制政策的要求。在实践中，主要有两种获取可再生能源凭证的方式：一是电力企业可以通过建设、运营光伏发电项目直接获得；二是企业可以从交易市场购买该凭证，无须自行生产。本章仅讨论第一种方式。电力企业可以与居民合作开发光伏系统，充分发挥各主体优势。电力企业具有资金、运营管理经验等优势；而居民可以提供屋顶、社区空地等场地资源。例如，电力企业可通过发起社区太阳能项目，吸引居民投资光伏系统。居民通过签订电力购买协议（Power Purchase Agreement），缴纳不同额度的投资金额，来认购相应的光伏容量。光伏系统建成后，可以通过虚拟净计量技术（Virtual Net Metering），按照居民的出资认购金额分配实时产出的光伏电力。由电力企业发起建设的光伏项目可以被看作结合了电力企业运营经验和居民空间资源优势的众筹项目。与传统居民分布式光伏系统高昂的前期投入成本相比，其优势之一是让收入较低的居民也有机会参与到太阳能投资活动。另一个优势是通过大规模统一采购光伏板和其他光伏器件产生规模效应，降低总成本。为研究配额制政策下电力企业如何通过投资光伏系统完成配额制政策要求，以及政策实施对光伏供应链博弈的影响，本章构建了光伏供应链短期博弈和中长期重复博弈模型。

5.2　模型描述与基本假设

首先，表5-1给出了本章在模型构建中所使用的所有变量、参数及其含义解释。

表5-1　本章所使用变量、参数的符号及含义

符号		含义
变量	θ	政府颁布的可再生能源发电比例
	P	光伏板售价除以时间
	Q	名义功率下的光伏年发电量
	$\hat{\theta}$	电力企业实际完成的可再生能源发电比例
	π	净利润

续 表

符号		含义
参数	a	市场中的总电力需求
	b	可再生能源社会收益
	μ	太阳能板的效率
	p	太阳能板的售价
	r_s	太阳能电力价格
	r_0	最大太阳能电力价格
	β	需求曲线斜率
	m	火力发电售电的边际利润
	c_0	每单位光伏板成本
	c	每单位光伏板成本除以时间（年）
	p_u	配额制政策罚金
	ϕ	配额制实施成本因子
	t	时间
	T	光伏系统的使用寿命
	$\hat{t}$	年平均日照时长（小时）
	ρ	折现因子

考虑一家仅由火力发电厂供电的电力企业，由于政府颁布了配额制政策，该电力企业计划建设社区光伏项目来完成合规要求。光伏承建商受电力企业的委托，负责设计和建设社区光伏发电系统。尽管在模型中可以使用 p 和 c_0 表示光伏板的价格和光伏组件的边际成本，但考虑到单位统一性和计算的简便性因素，定义两个新变量来代替以上两个变量，即 $P \equiv \frac{p}{\hat{t}}$ 和 $c \equiv \frac{c_0}{\hat{t}}$。值得注意的是，这两个新变量与实际售价仅存在一个常数倍数关系，并不影响变量背后的实际意义。

可再生能源配额政策下的光伏供应链结构如图 5-1 所示。电力企业有两种电力来源以满足家庭的用电需求，即传统化石能源发电厂和电力企业发起的光伏发电系统，居民可以自愿缴费订购系统中的光伏容量。图中的实线为各决策主体的行为，虚线为传统火力发电的电流流向，点划线为太阳能电流流向。博弈顺序如下：（1）政府宣布可再生能源发电的最低比例 $\theta \in \Theta = [0, 1]$；（2）光伏承建商设定光伏板价格为 $P \in [0, +\infty)$；（3）电力企业建设年发电量为 $Q \in [0, +\infty)$ 的光伏系统。

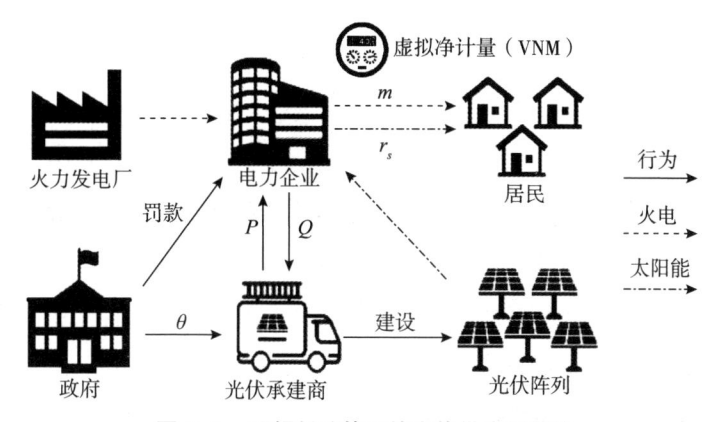

图 5-1 配额制政策下的光伏供应链结构

基于实际情况，本章模型假设如下：

（1）电力企业只通过建设社区光伏发电系统获取可再生能源凭证，不考虑从外部市场以交易的方式获得。

（2）电力企业采用可再生能源优先供电原则，优先使用太阳能供电。由于太阳能不可满足全部用电需求，剩余电力需求由火电厂满足。

（3）太阳能电价会随着签订光伏电力购买协议总需求量的增加而降低。

（4）$\phi \in \left[aAp_u, \dfrac{4a^2A^2\beta p_u}{A\mu(p_u+r_0-m)-c} \right]$。该条件确保了政府公布的最优可再生能源配额在区间 $[\hat{\theta}^{NR*}, 1]$ 以内，且该区间为 $\Theta = [0, 1]$ 的子区间，后文将进一步对该假设进行讨论。

（5）$r_0-m > \dfrac{c}{A\mu}$，可以保证最优光伏板价格和最优装机发电量分别在 P

和 Q 区间内。该假设保证了光伏发电的最大收益大于传统能源的边际收益。

5.3 不实施配额制惩罚政策下的光伏供应链短期博弈模型

为比较配额制对供应链决策产生的影响，本节首先考虑政府不实施配额制政策下的光伏供应链博弈模型。为便于区分，可将不实施配额制情形简称为 WR 情形。由于政府不实施政策，在该情形下仅剩光伏承建商和电力企业两个决策者。

从电力企业的角度出发，若决定建设年发电量为 Q 的光伏项目，则投资成本为 PQ。社区太阳能的内生电价可用式 $r_s \equiv r_0 - \beta Q$ 表示。该式很好地刻画了该光伏发电项目的经济规模效应，即光伏装机量越大则成本越低，光伏电价也随之降低。由于项目一旦建成后，光伏发电几乎不需要额外投入其他资源，因此令光伏发电的边际成本为零。故太阳能电力价格 r_s 同时也是光伏发电产生的边际利润。此外，由于太阳能实际发电情况会受到光伏板发电效率的影响，因此本章使用外生参数 $\mu \in M = [0, 1]$ 来描述太阳能输出效率。进而，可以计算出太阳能板的实际发电量为 μQ。根据假设（2），剩余需求为总需求与太阳能输出之间的差，即 $a - \mu Q$。用火力发电的边际利润乘以火电发电量后，即可计算出火力发电的收益为 $m(a - \mu Q)$。至此，可以通过计算电力企业的净现值来获得无配额制政策下的电力企业利润函数 π_U^{WR}：

$$\pi_U^{WR} = \int_0^T e^{-\rho t}(r_s \mu Q + m(a - \mu Q)) \, dt - PQ \tag{5-1}$$

将 $r_s \equiv r_0 - \beta Q$ 代入式（5-1）中并计算式中的积分，可以得到 $\pi_U^{WR} = \dfrac{1-e^{-\rho T}}{\rho}(am + (r_0 - \beta Q - m)\mu Q) - PQ$。为简便计算，定义 $A \equiv \dfrac{1-e^{-\rho T}}{\rho} > 0$。因此，电

力企业的目标函数可改写为 $\pi_U^{WR} = A(am+(r_0-\beta Q-m)\mu Q) - PQ$。

从光伏承建商的角度出发,安装光伏系统所获得的收益为边际利润乘以总量 Q,可得

$$\pi_D^{WR} = (P-c)Q \tag{5-2}$$

在确定了电力企业和光伏承建商的利润函数后,不实施配额制情况下的两阶段短期博弈模型可表示如下:

$$\begin{aligned}\max_P \pi_D^{WR} &= (P-c)Q \\ \text{s.t.} \quad Q &= \operatorname*{argmax}_Q A(am+(r_0-\beta Q-m)\mu Q) - PQ\end{aligned} \tag{5-3}$$

根据逆向递归法,首先求解出电力企业的最优反应函数:

$$Q^* = \frac{A\mu(r_0-m) - P}{A\beta\mu} \tag{5-4}$$

式(5-4)也体现了社区光伏的规模效应,若电力企业增加光伏产能,则光伏承建商的安装费用 P 随之降低。此外,由于电力企业的二阶偏导数 $\frac{\partial^2 \pi_U^{WR}}{\partial Q^2} = -2A\beta\mu < 0$,因此目标函数存在极大值。由于承建商可以推测出电力企业的最优反应,因此将最优反应函数式(5-4)代入承建商的利润后,得到 $\pi_D^{WR} = \frac{(P-c)(\mu A(r_0-m) - P)}{2A\beta\mu}$。又由于 $\frac{\partial 2\pi_D^{WR}}{\partial p^2} = -\frac{1}{A\beta\mu} < 0$,承建商利润函数也存在极大值。

命题 5.1 在不实施配额政策的情况下,可以得到:

(1) 博弈的均衡解为 $P^{WR*} = \frac{A\mu(r_0-m) + c}{2}$,$Q^{WR*} = \frac{A\mu(r_0-m) - c}{4A\beta\mu}$。

(2) $\frac{\partial P^{WR*}}{\partial \mu} = \frac{A(r_0-m)}{2} > 0$,$\frac{\partial Q^{WR*}}{\partial \mu} = \frac{c}{4A\beta\mu^2} > 0$。

(3) $\frac{\partial P^{WR*}}{\partial m} = -\frac{A\mu}{2} < 0$,$\frac{\partial Q^{WR*}}{\partial m} = -\frac{1}{4\beta} < 0$。

证明:对于命题 5.1(1),首先光伏承建商的最优决策 P^{WR*} 可以通过

对利润函数 $\pi_D^{\text{WR}} = \dfrac{(P-c)(\mu A(r_0-m)-P)}{2A\beta\mu}$ 求解一阶条件而得。然后，将该最优光伏发电量的最优解代入最优反应函数式（5-4）中，整理可得 $Q^{\text{WR}*}$。对于命题 5.1（2）和（3），可以较容易地通过求偏导数验证。

命题 5.1（1）给出了在不施行配额制情况下光伏供应链博弈的纳什均衡解，为各成员提供了最优策略。值得注意的是，假设（5）中的条件可以保证均衡解 $P^{\text{WR}*}$ 和 $Q^{\text{WR}*}$ 在 P 和 Q 的范围内。命题 5.1（2）说明，高发电效率的光伏板能够卖出高价，且更能够刺激居民的太阳能购电量。然而，从命题 5.1（3）中不难看出，如果火力发电的边际利润变高，则会抑制光伏板价格、抑制太阳能的装机总量。在现实中，动力煤价格波动是影响火力发电厂收益的主要因素之一。若动力煤价格处于下行周期，则火力发电的边际利润将变高。对于电力企业而言，结论反映出火力发电与光伏发电实质上形成了相互竞争的关系。火力发电的边际利润变高势必抑制光伏发电带来的收益。

5.4 实施配额制惩罚政策下的光伏供应链短期博弈模型

本节将分析实施配额制政策下的短期光伏供应链博弈模型，该情况下政府会提前公布配额制规定的可再生能源最低发电比例。首先从电力企业的角度出发，根据定义，电力企业实际光伏发电比例 $\hat{\theta}$ 可以通过太阳能产量除以电力总需求来计算，其表达式如下：

$$\hat{\theta} \equiv \frac{\mu Q}{a} \tag{5-5}$$

如果电力企业的光伏发电不满足配额制要求，则政府对未达到规定要求的部分进行惩罚。因为未达标的比例为 $\theta-\hat{\theta}$，故配额制下未达标量为总需求与该比例的乘积，即 $a(\theta-\hat{\theta})$。但如果电力企业可以完成规定配额任务，电力企业将不会受到惩罚。综上，电力企业的利润函数可计算如下：

$$\pi_U = \int_0^T e^{-\rho t}(r_s\mu Q + m(a-\mu Q) - p_u a\max\{\theta-\hat{\theta}, 0\})\,dt - PQ \quad (5-6)$$

式（5-6）包含了以下两种情况：①当太阳能产出能够满足配额制的最低要求时，则有 $\theta \in \Theta_1 = [0, \hat{\theta}]$，可简称该情形为 MR；②当太阳能产出不能满足要求，即 $\theta \in \Theta_2 = [\hat{\theta}, 1]$，可简称该情形为 NR。根据 r_0 定义后两种情形下的区间，可以改写电力企业的利润函数式（5-6）为如下分段函数形式：

$$\pi_U = \begin{cases} (Am(a-\mu Q) + \mu Q(r_0-\beta Q)) - PQ, & \theta \in [0, \hat{\theta}] \\ (Am(a-\mu Q) + \mu Q(r_0-\beta Q)) - p_u a(\theta-\hat{\theta}) - PQ, & \theta \in [\hat{\theta}, 1] \end{cases} \quad (5-7)$$

光伏承建商的利润函数与无配额制情形下的利润式（5-8）一致，即

$$\pi_D = (P-c)Q \quad (5-8)$$

政府利润函数按照上述不同的区间划分，可以分为社会效益、罚金收入和配额制实施成本这三项。①社会效益包含多种因素，其中最主要的是环境收益。②配额制罚金是当电力企业产出的太阳能未达到要求比例后，政府向其收缴。其计算方式可由单位罚金 p_u 乘以未达标的电量 $a(\theta-\hat{\theta})$ 得到。③基于配额制实施的复杂性以及保障电网可靠性的目标，可再生能源比例绝不可能一开始就设置到 100%。众所周知，火力发电厂的建设使用寿命长达几十年，且发电设备不能轻易停止运转。如果配额指标设定得过于严苛，则会直接影响火力发电厂的产能，进而减少火力发电厂现金流。该指标的制定需要广泛听取多方利益相关者的意见，经过充分的讨论后制定。讨论人员包括但不限于政府、不同所有制的电力企业、居民代表等。特别是传统能源发电厂，其管理者在研讨过程中会更加强调保障自身利益，希望政府降低配额制的要求。本章将这种由某些利益团体对配额制施加阻力

的现象称为政策的实施成本，用 $\dfrac{\phi}{2}\theta^2$ 来表示。其中，ϕ 是配额制实施系数，用来刻画监管阻力。综上，政府的收益函数可以记为

$$\pi_G = \int_0^T e^{-\rho t}(b\mu Q + p_u a \max\{\theta - \hat{\theta}, 0\}) \, dt - \dfrac{\phi}{2}\theta^2 \tag{5-9}$$

计算式（5-9）中的积分后，将其改写为分段函数的形式：

$$\pi_G = \begin{cases} Ab\mu Q - \dfrac{\phi}{2}\theta^2, & \theta \in [0, \hat{\theta}) \\ Ab\mu Q + Ap_u a(\theta - \hat{\theta}) - \dfrac{\phi}{2}\theta^2, & \theta \in [\hat{\theta}, 1] \end{cases} \tag{5-10}$$

5.4.1 电力企业未受惩罚情形

本节将考虑当政府制定的配额要求不高时，电力企业能够完成政府配额指标，即未受惩罚的情形。此时需满足条件 $\theta \in \Theta_1 = [0, \hat{\theta})$。基于前文对各成员利润情况的分析，该情形下的光伏供应链博弈问题可以表示如下：

$$\begin{aligned} &\max_{\theta \in \Theta_1} \pi_G^{MR} = Ab\mu Q - \dfrac{\phi}{2}\theta^2 \\ &\text{s.t.} \begin{cases} \max_P \pi_D^{MR} = (P-c)Q \\ \text{s.t. } Q = \arg\max_Q A(m(a-\mu Q) + \mu Q(r_0 - \beta Q)) - PQ \end{cases} \end{aligned} \tag{5-11}$$

求出模型式（5-11）的均衡解，并进行分析，可以得到以下命题。

命题 5.2　在电力企业能够完成可再生能源配额政策的情况下，可以得到：

(1) 博弈的均衡解是 $\theta^{MR*} = 0$，$P^{MR*} = \dfrac{A\mu(r_0-m)+c}{2}$，$Q^{MR*} = \dfrac{\mu A(r_0-m)-c}{4A\beta\mu}$；

(2) $\dfrac{\partial P^{MR*}}{\partial \mu} = \dfrac{A(r_0-m)}{2} > 0$，$\dfrac{\partial Q^{MR*}}{\partial \mu} = \dfrac{c}{4A\beta\mu^2} > 0$；

(3) $\dfrac{\partial P^{MR*}}{\partial m} = -\dfrac{A\mu}{2} < 0$，$\dfrac{\partial Q^{MR*}}{\partial m} = -\dfrac{1}{4\beta} < 0$。

证明：首先，由于在模型式（5-11）中电力企业与光伏承建商面对的问题与无配额制下的光伏供应链博弈问题式（5-3）一致，因此，根据逆向递归法求得的电力企业最优反应函数与式（5-4）相同。光伏承建商的最优反应函数即为命题 5.1 中的均衡解 $P^* = \dfrac{A\mu(r_0-m)+c}{2}$。将两者的最优反应函数代入政府的收益函数可得 $\pi_G^{MR} = \dfrac{b(A\mu(r_0-m)-P)}{2\beta} - \dfrac{\phi}{2}\theta^2$。对 θ 求解一阶条件，可得 $\theta^{MR*}=0$。此外，命题中的（2）和（3）可以很容易地通过求解偏导数验证。

尽管命题 5.2 中各成员的最优策略与命题 5.1 中的结果几乎一致，但仍需注意两个模型的决策者数量不同。在建模分析以前，很难预知电力企业完成配额情形中政府的最优决策为零。因此，对该情形的分析仍然十分必要。

命题 5.3 在电力企业能够完成可再生能源配额政策的情况下，政府的最优配额政策不受光伏承建商和电力企业的最优决策影响，政府的净收益仅随电力企业太阳能投资规模变化而变化。

证明：观察最优反应函数 $P^* = \dfrac{A\mu(r_0-m)+c}{2}$ 和 $Q^* = \dfrac{A\mu(r_0-m)-P}{2A\beta\mu}$，不难发现式中均不含政府的决策变量 θ。此外，将最优反应函数代入政府的目标函数 $\pi_G^{MR} = Ab\mu Q - \dfrac{\phi}{2}\theta^2$ 后函数第一项 $Ab\mu Q$ 变为 $\dfrac{b(A\mu(r_0-m)-P)}{2\beta}$，显然该项仍不含 θ。因此对于政府而言该项仅为常数，只影响政府收益函数值的大小并不影响政府最优配额比例 θ^*。命题 5.3 证毕。

命题 5.4 当电力企业能够完成可再生能源配额政策要求时，电力企业在最优决策 Q^{MR*} 下的实际太阳能配额完成比例为 $\hat{\theta}^{ME*} = \dfrac{\mu A(r_0-m)-c}{4aA\beta}$。此时，$\hat{\theta}^{ME*}$ 也是该情况下的配额比例阈值。换言之，一旦政府的配额要求 θ 低于 $\hat{\theta}^{ME*}$ 时，政府无须再实施配额制，即 $\theta^{MR*}=0$ 即可。

证明：根据条件 $\theta \in \Theta_1 = [0, \hat{\theta}]$，将式（5-5）代入不等式 $\theta < \hat{\theta}$ 中，可得 $\theta < \dfrac{\mu Q}{a}$。再将 $Q^{MR*} = \dfrac{\mu A(r_0 - m) - c}{4A\beta\mu}$ 代入该不等式并求解，即可得 $\theta < \hat{\theta}^{ME*}$。

称区间 $\theta \in [0, \hat{\theta}^{ME*}]$ 为低配额区间，如果政府在此范围内设置一个配额要求，则可以认为此时政府采取了较为温和的配额政策。温和的配额政策实质上等同于暂时不颁布配额要求，因为电力企业此时能够完成指标。政府不但不收罚金，而且政府意识到即使设定配额要求也不会增加社会效益。然而，配额制的颁布所产生的实施成本 $\dfrac{\phi}{2}\theta^2$ 随着配额比例 θ 的增加而增加。因此，政府此时不如将配额比例设定为零。

此外，因为 $\dfrac{\partial \hat{\theta}^{ME*}}{\partial \mu} = \dfrac{r_0 - m}{4a\beta} > 0$ 和 $\dfrac{\partial \hat{\theta}^{ME*}}{\partial m} = -\dfrac{1}{4aA\beta} < 0$，可知太阳能板效率的提升和火力发电的边际利润的降低可以扩大低配额区间的范围。从现实意义角度出发，以上两点都提升了光伏发电相较于火力发电的竞争力。因此，电力企业将有更强的光伏发电能力，势必扩大低配额区间范围。

5.4.2 电力企业受到惩罚情形

本节考虑当政府制定的配额要求较高时，电力企业无法完成政府制定的配额指标、受到惩罚的情形，此时 $\theta \in \Theta_2 = [\hat{\theta}, 1]$。根据式（5-7）、式（5-8）和式（5-10），可以给出该情形下光伏供应链的博弈结构模型：

$$\max_{\theta \in \Theta_2} \pi_G^{NR} = A\beta\mu Q + Ap_u a(\theta - \hat{\theta}) - \dfrac{\phi}{2}\theta^2$$

$$\text{s.t.} \begin{cases} \max_{P} \pi_D^{NR} = (P - c)Q \\ \text{s.t. } Q = \underset{Q}{\operatorname{argmax}} A(m(a - \mu Q) + \mu Q(r_0 - \beta Q) - ap_u(\theta - \hat{\theta})) - PQ \end{cases} \quad (5-12)$$

同样基于反向递归法，可以求解出博弈模型式（5-12）的均衡解。

命题 5.5 在电力企业不能完成可再生能源配额政策的情况下，可以得到：

(1) 均衡解为 $\theta^{NR*} = \dfrac{aAp_u}{\phi}$，$P^{NR*} = \dfrac{\mu AB + c}{2}$，$Q^{NR*} = \dfrac{\mu AB - c}{4A\beta\mu}$，其中 $B = p_u + r_0 - m$；

(2) $\dfrac{\partial \theta^{NR*}}{\partial p_u} = \dfrac{aA}{\phi} > 0$；

(3) $\dfrac{\partial \theta^{NR*}}{\partial \phi} = -\dfrac{aAp_u}{\phi^2} < 0$；

(4) $\dfrac{\partial P^{NR*}}{\partial \mu} = \dfrac{AB}{2} > 0$，$\dfrac{\partial Q^{NR*}}{\partial \mu} = \dfrac{c}{4A\beta\mu^2} > 0$。

证明：与命题 5.2 的证明方法类似，先求出电力企业的最优响应函数 $Q^* = \dfrac{\mu AB - P}{2A\beta\mu}$。然后，将该函数代入光伏承建商的利润函数中，由一阶条件解出最优光伏板价格 P^{NR*}。最后，将 P^{NR*} 和 Q^* 代入政府的目标函数中，根据一阶条件求出 θ^{NR*}。类似地，命题 5.5（2）和命题 5.5（3）可以分别通过求偏导数获得。

命题 5.5（1）给出了当政府配额制要求较高时，电力企业不能产生足够光伏电力时的均衡解。较为反直觉的是，命题 5.5（2）表明一旦电力企业完不成配额要求，那么罚金越高则政府颁布的配额比例越高。命题 5.5（3）阐明了实施成本因子越大，则配额比例越低。这也印证了如果传统能源发电厂在参与配额制商讨阶段施加的阻力越大，则导致配额制出台的配额比例越低。最后，命题 5.5（4）的结论与命题 5.2（2）相似。

命题 5.6 如果电力企业不能够完成可再生能源配额政策要求，那么电力企业在最优光伏产出 Q^{NR*} 下的太阳能配额完成比例为 $\hat{\theta}^{NR*} = \dfrac{\mu AB - c}{4Aa\beta}$。$\hat{\theta}^{NR*}$ 同时也是该情况下的配额比例阈值。如果政府的配额要求 θ 高于 $\hat{\theta}^{NE*}$ 时，政府应该颁布最优的配额比例为 $\theta^{NR*} = \dfrac{aAp_u}{\phi}$。

证明：根据条件 $\theta \in \Theta_2 = (\hat{\theta}, 1]$，将最优反应函数式（5-5）代入不等

式 $\hat{\theta}>\theta$ 中，能够得到 $\theta>\dfrac{\mu Q}{a}$。进而将 $Q^{NR*}=\dfrac{\mu AB-c}{4A\beta\mu}$ 代入该不等式并求解，即可得到 $\theta>\hat{\theta}^{NR*}$。

本章称区间 $\theta\in(\hat{\theta},1]$ 为高配额区间。若政府在此范围内设置配额制比例要求，则可称此时政府采取了高标准的配额政策。电力企业由此无法完成配额任务。此时，政府应当适当提高罚金标准，倒逼电力企业进行能源供给侧改革，并获得更多的净收益。该命题的结论有助于政府需要采取更加严厉的配额制时，提供制定配额标准的具体思路。

5.5 配额制对光伏供应链博弈的影响研究

前文构建并分析了不同情况下的光伏供应链博弈模型。本节将研究配额制政策对光伏供应链上下游决策和收益的影响。

命题 5.7 通过对最优策略和最大收益的比较，可以得到：

（1）$\theta^{MR*}<\theta^{NR*}$，$P^{WR*}=P^{MR*}<P^{NR*}$，$Q^{WR*}=Q^{MR*}<Q^{NR*}$；

（2）$\pi_D^{WR*}=\pi_D^{MR*}<\pi_D^{NR*}$，$\pi_U^{WR*}=\pi_U^{MR*}$。

式中，π_i^j，$i\in\{G,D,U\}$，$j\in\{WR*,MR*,NR*\}$ 为三种情况下相关成员在分别采取最优策略时的利润。

由于该命题很容易通过求差值进行验证，为便于阅读，省略证明过程。该命题表明：①高标准的配额政策不仅会刺激光伏承建商提高社区光伏项目的报价。更重要的是高标准的配额政策还刺激了电力企业太阳能的装机量。这证明了政府推动高标准的配额制能够通过推动电力企业能源供给侧改革来助推光伏订购量，有助于提升全社会的光伏渗透率，最终升级能源结构。②相较于温和的配额政策，高标准的配额政策一定会增加光伏承建商的利润。该结论可以帮助供应链各成员理解光伏承建商对于配额政策实施的态度，即光伏承建商有动机支持制定高标准的配额要求。

此外，因为通过解析式直接比较高标准与温和配额政策下政府和电力企业的收益难度较高，因此本小节考虑利用数值模拟来研究政策和关键参数对供应链各成员收益的影响。在数值模拟前，本节需要详细介绍各参数的取值及数据来源。由于配额制已经被广泛应用于美国各州，且已经成为该国重要的可再生能源发展政策，因此本数值模拟选取美国为研究对象。数值模拟中的参数值主要来自美国国家可再生能源实验室（National Renewable Energy Laboratory）、美国能源信息署（U.S. Energy Information Administration）以及加利福尼亚州公用事业委员会（California Public Utilities Commission）。

首先，根据美国国家可再生能源实验室 IEC 60904-3 第 2 版和 ASTM G173 的标准，光伏板的效率主要集中在 12.3%~47.1%。因此，此处取光伏板的发电效率为 $\mu=30\%$。值得注意的是，光伏板的使用寿命取决于环境条件等多种因素。虽然光伏系统究竟能够使用多少年这一问题还没有达成共识，但目前主流观点认为光伏系统的使用寿命一般在 15~30 年。由此，本书采用与 Pacca 等的研究一致的年限，即考虑使用周期为 $T=20$ 年的光伏系统。其次，有关贴现因子，本书采取与 Zhang 等和 Lu 等一样的贴现值，即 $\rho=10\%$。此外，加利福尼亚州公用事业委员会宣布将配额制的罚款金额定为每单位可再生能源凭证罚款 50 \$，即 0.05 \$/（kW·h）。因此，罚款标准为 $p_u=0.05$ \$/kW。另外，关于社会效益 b，本书参考并采用 Xu 和 Ma 在研究中采用的 0.2 \$/（kW·h）。此外，最大电费 r_0 在美国各个州有一定差异，而且还会随着时间而波动。根据美国能源信息署的月度数据，夏威夷州的居民用电价格最高可以达到 0.328 \$/（kW·h）。该电价几乎是美国各州中的最高价格。由于 r_0 表示太阳能潜在最高价格，因此本章考虑最大电价为 $r_0=0.4$ \$/（kW·h）。关于年平均日照时长 $\hat{\iota}$，假设每年有 365d 且 1d 平均有 8h 的日照时间，由此假定 $\hat{\iota}=2920$h/年。有关光伏组件材料价

格 c，本章采用的数据来源于美国国家可再生能源实验室 Feldman 和 Margolis 所撰写的报告。该报告提到光伏组件中使用的单晶硅价格目前在 300~500 \$/（kW·h），且原料的价格会随时间波动。基于此，本章在数值模拟中考虑 c_0 = 365 \$/（kW·h）。又因为 $c \equiv \dfrac{c_0}{t}$，因此设定光伏边际成本为 c = 0.125 \$/（kW·h）。为了估算火力发电的边际利润，查阅相关资料可知该参数在实际中的范围在 0.05~0.15 \$/（kW·h）之间，因此假设 m = 0.1 \$/（kW·h）。

参数 a、β 和 ϕ 的取值与消费者的数量和购电规模有一定关系。考虑一个有 8182 人参与订购太阳能的社区。源自美国能源信息署的数据显示，美国家庭平均每年大约消耗 11000kW·h 的电量。因此，总用电量需求 a 可以通过社区人数乘以每个人的年均用电量计算，即 a = 8182×11000kW·h = 9×10^7kW·h 外，已有文献缺乏对企业主导的光伏发电项目需求曲线斜率 β 和配额制实施成本因子 ϕ 的研究。在这里，估计 β = 1×10^{-9}/（kW·h$)^2$。若如此，未能满足配额制要求时社区光伏项目的最优发电量 Q^{NR*} = 7.551$10^7$kW·h 光伏电价 r_s 为 0.32449 \$/（kW·h）。最后，结合 5.2 小节中的假设（4），将 ϕ 设定为 9×10^7 \$。

图 5-2~图 5-4 绘制了三个供应链成员在不同情形下的利润比较图。由于以上数值模拟中均采用了相同的图例，为了简便起见，以图 5-2 为例，详细阐明数值模拟的结果和对应的管理学启示。图例中的 N/A 为不满足模型假设的区域，不再深入讨论。

图 5-2（a）绘制了政府在不同配额政策下利润的比较情况。图中的深色区域表示如果罚款金 p_u 和电力总需求 a 较高时，高标准配额要求比温和的政策要求好。如图 5-2（b）所示，左侧区域表示当配额制的实施成本较高且罚金较低时，政府采取温和的配额政策收益更大。反之，如果配额政策实施时实施阻力不大且罚金较高，右侧区域代表采取高标准的配额要求

(a) p_u、μ 和 a 变动下政府的收益比较

(b) p_u 和 Φ 变动下政府的收益比较

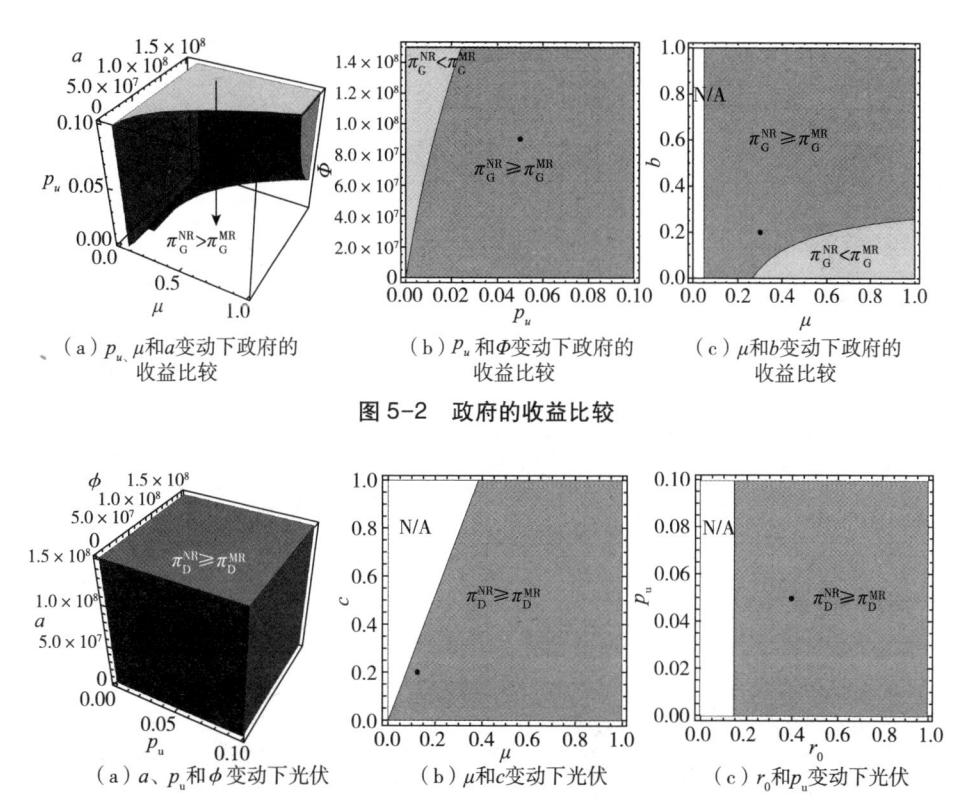

(c) μ 和 b 变动下政府的收益比较

图 5-2　政府的收益比较

(a) a、p_u 和 ϕ 变动下光伏

(b) μ 和 c 变动下光伏

(c) r_0 和 p_u 变动下光伏

图 5-3　光伏承建商的利润比较

能够带来更多收益。此外，配额政策谈判成本和罚金之间相互的耦合作用在实践中十分有意义。它有利于政府在不同发展需求下制定合理的罚金率。图中的黑色圆点表示参数取基准值时在图中的位置。因为黑色圆点在右侧区域，所以政府颁布高标准的配额要求能获得更高的收益。在图 5-2（c）中，左侧空白区域为不可行区域（标准 N/A 部分）。中间深色区域表示高标准政策下政府收益更多的情形。很显然，当光伏发电效率较低时，政府应当颁布较高标准的配额政策要求，来推动光伏产业使用更高发电效率的光伏板。但如果光伏发电效率较高，且外部社会效益较低，政府便无须制定高标准的配额政策，因为这样并不能增加政府的收益。

图 5-3 展示了命题 5.7 中关于光伏承建商利润比较的相关结论。除去空白的不可行区域，图中仅有深色区域。该结果表明，光伏承建商只希望

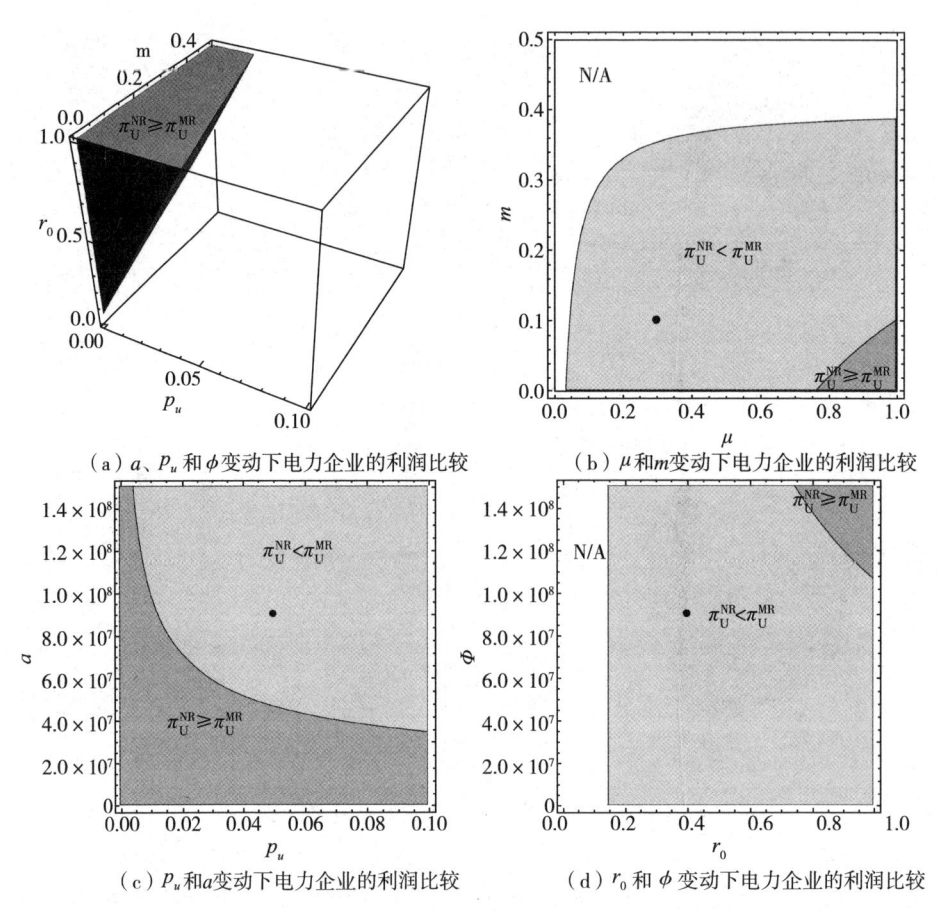

(a) a、p_u 和 ϕ 变动下电力企业的利润比较

(b) μ 和 m 变动下电力企业的利润比较

(c) p_u 和 a 变动下电力企业的利润比较

(d) r_0 和 ϕ 变动下电力企业的利润比较

图 5-4 电力企业的利润比较

政府颁布高标准的配额政策从而获得更高的收益，同时验证了命题中的 $\pi_D^{WR} = \pi_D^{MR} < \pi_D^{NR}$。

图 5-4（a）表明，在高标准配额要求下，相对较低的罚金、较高的太阳能最高售价和较低的火电边际利润有助于电力企业实现盈利。在实际中，由于配额标准较高，电力企业因无法完成配额要求而希望降低罚金，并提高太阳能的电价和竞争力。图 5-4（b）表明，除非火电的边际回报低、光伏板的发电效率足够高（效率达到 75% 以上）等因素叠加作用，否则高配额政策会对电力企业的盈利产生负面影响。但 75% 以上的光伏发电效率在实际中很难实现，因此电力企业一般会按照配额制要求比例，足额进行光

伏发电，即图中黑色圆点位置所示情况。图 5-4（c）揭示了电力企业在面对电力总需求比较旺盛的市场时，不希望实施高标准的配额政策，更不希望政府在此时施行高罚金。黑色圆点在右侧浅区域，表示基准参数取值为高标准配额情况。图 5-4（d）给出了政策实施阻力和较高的最大太阳能电价的共同作用对两种情形下的电力企业收益影响。

5.6 配额制政策干预下的光伏供应链中长期博弈模型

前文构建了配额制下的光伏供应链中长期博弈模型，分析了博弈的纳什均衡解，并揭露了短期博弈的内在机理。然而在现实中，配额制比例、光伏板价格和太阳能电力装机量等决策往往会随着时间推移而动态变化，并非静止不动。基于以上事实，本节将研究配额政策下的光伏供应链中长期动态博弈模型。

5.6.1 模型构建

已有文献通常结合边际利润，构建离散迭代方程描述局中人决策的演化路径。具体而言，假设三个局中人的决策变量为 $x \in \{\theta, P, Q\}$，则第 $t+1$ 时期的决策可以用第 t 期的决策加上决策调整速率与利润偏导数的乘积表示，即

$$x(t+1) = x(t) + g_i x(t) \frac{\partial \pi_y}{\partial x(t)}, \ i \in \{1, 2, 3\}, \ y \in \{G, D, U\} \quad (5-13)$$

在分别求出各成员利润函数对决策变量的偏导数后，基于式（5-13）可得配额制下的中长期光伏供应链博弈模型如下：

$$\begin{cases}\theta(t+1)=\begin{cases}\theta(t)-g_1\phi\theta^2(t),\theta(t)\in[0,\hat{\theta}]\\ \theta(t)+g_1\theta(t)(aAp_u-\phi\theta(t)),\theta(t)\in[\hat{\theta},1]\end{cases}\\ P(t+1)=\begin{cases}P(t)+g_2P(t)\dfrac{A\mu B(B-p_u)-2P(t)+c}{2A\beta\mu},\theta(t)\in[0,\hat{\theta}]\\ P(t)+g_2P(t)\dfrac{A\mu B-2P(t)+c}{2A\beta\mu},\theta(t)\in[\hat{\theta},1]\end{cases}\\ Q(t+1)=\begin{cases}Q(t)+g_3Q(t)(A\mu(B-p_u-2\beta Q(t))-P(t)),\theta(t)\in[0,\hat{\theta}]\\ Q(t)+g_3Q(t)(A\mu(B-2\beta Q(t))-P(t)),\theta(t)\in[\hat{\theta},1]\end{cases}\end{cases}$$

(5-14)

由于系统式（5-14）的结构十分复杂，直接分析其不动点的稳定性较为困难。因此，可以根据 $\theta(t)$ 的取值将该系统拆分为两个子系统，即 $\theta(t)\in[0,\hat{\theta}]$ 和 $\theta(t)\in[\hat{\theta},1]$。本节主要针对电力企业未完成配额政策要求的情形进行深入研究，而对系统式（5-14）采用数值模拟进行分析。当 $\theta(t)\in[\hat{\theta},1]$ 时的子系统为

$$\begin{cases}\theta(t+1)=\theta(t)+g_1\theta(t)(aAp_u-\phi\theta(t))\\ P(t+1)=P(t)+g_2P(t)\dfrac{(AB\mu-2P(t)+c)}{2A\beta\mu}\\ Q(t+1)=Q(t)+g_3Q(t)(A\mu(B-2\beta Q(t))-P(t))\end{cases} \quad (5\text{-}15)$$

根据不动点的定义，求解出系统式（5-15）的不动点。具体而言，将式 $x(t+1)=x(t)$，$x\in\{\theta,P,Q\}$ 代入系统式（5-15）中，仅得到唯一具有实际经济意义的不动点如下：

$$E^*=\left(\dfrac{aAp_u}{\phi},\dfrac{\mu AB+c}{2},\dfrac{\mu AB-c}{4A\beta\mu}\right) \quad (5\text{-}16)$$

5.6.2 平衡点及其稳定性分析

已有文献通过复杂性理论，研究供应链价格等运营决策调整速度参数

对系统稳定性的影响。为研究供应链成员的博弈行为特征,需要分析系统不动点的稳定性。首先,计算系统式(5-15)的雅可比矩阵如下:

$$J_{ac} = \begin{pmatrix} 1+g_1(aAp_u-2\phi\theta) & 0 & 0 \\ 0 & 1+g_2\dfrac{AB\mu+c-4P}{2A\beta\mu} & 0 \\ 0 & -g_3 Q & 1+g_3(A\mu(B-4\beta Q)-P) \end{pmatrix} \quad (5-17)$$

其次,将不动点式(5-16)代入雅可比矩阵式(5-17)中,整理后新的雅可比矩阵为:

$$J_{ac}(E^*) = \begin{pmatrix} 1-g_1 aAp_u & 0 & 0 \\ 0 & 1-g_2\dfrac{AB\mu+c}{2A\beta\mu} & 0 \\ 0 & g_1\dfrac{c-AB\mu}{4A\beta\mu} & 1-g_3\dfrac{AB\mu-c}{2} \end{pmatrix} \quad (5-18)$$

由于雅可比矩阵式(5-18)为三角矩阵,因此矩阵特征值为它的全体对角元,故矩阵的三个特征值为 $\lambda_1(E^*) = 1-g_1 aAp_u$,$\lambda_2(E^*) = 1-g_2\dfrac{AB\mu+c}{2A\beta\mu}$ 和 $\lambda_3(E^*) = 1-g_3\dfrac{AB\mu-c}{2}$。雅可比矩阵的稳定性取决于特征值。根据系统稳定性原理,可以得到如下结论。

命题 5.8 存在关于调整速度的三个阈值 $\hat{g}_1, \hat{g}_2, \hat{g}_3 \in \mathbb{R}^+$,其中 $\hat{g}_1 = \dfrac{2}{aAp_u}$,$\hat{g}_2 = \dfrac{4A\beta\mu}{AB\mu+c}$,$\hat{g}_3 = \dfrac{4}{\mu AB-c}$。如果任意一个调整速度 g_i 超过其阈值,则出现 Flip 分岔现象。值得注意的是,需要附加条件 $\mu AB > c$ 保证 $\hat{g}_3$ 为正数。

证明:基于 Kuznetsov 等有关分岔的相关理论,如果雅可比矩阵存在特征值 $\lambda_i(E^*)$ 等于 -1,且其余的特征值在单位圆内,则存在 Flip 分岔的临界状态。不难证明特征值开始时会落在单位圆内,因为所有特征值均等于 1 减去一个可以小于 1 的正数。然后,根据条件 $\lambda_i(E^*, g_i) = -1$,可以直接解出命题中所示的 $\hat{g}_i$ 的解析式。此外,如果该特征值进一步小于 -1,系统将进入分岔或混沌状态。所以，结合偏导数 $\dfrac{\partial \lambda_1(E^*, g_1)}{\partial g_1} = -aAp_u$，$\dfrac{\partial \lambda_2(E^*, g_2)}{\partial g_2} = -\dfrac{AB\mu + c}{2AB\mu}$，$\dfrac{\partial \lambda_3(E^*, g_3)}{\partial g_3} = -\dfrac{\mu ABc}{2}$ 以及极限 $\lim\limits_{g_i \to +\infty} \lambda_i(E^*, g_i) = -\infty$，可以知道随着 g_i 的增加，特征值能够小于-1。命题 5.8 证毕。

在实践中，许多因素都会促使光伏承建商调整价格，如市场的竞争程度、商品的库存周转情况等。然而，目前尚缺乏有关决策调整频率快慢对最终决策和系统稳定性影响的相关研究，命题 5.8 所求出的速率调整解析式能够很好地描述三个供应链成员的决策行为特征，可以补充上述研究空白。具体来说，若调整速度低于阈值 g_i，则认为决策者的调整行为较为保守。反之，则认为决策者的调整行为十分激进。不同的行为特征会导致系统稳定性的不同。

为了更直观地展示命题 5.8 的结论，绘制了分岔图 5-5。图 5-5（a）给出了系统式（5-14）中政府决策变量的 Flip 分岔和混沌图。其中，处于下方的水平线是电力企业实际完成的可再生配额比例 $\hat{\theta}_i$；处于上方的曲线为政府颁布的配额比例。当决策调整速度小于阈值 $\hat{g}_1 = 5.239 \times 10^{-8}$ 时，政府会表现出保守的行为特征。此时，政府会设定一个配额政策的初始值，但最终会将配额政策比例固定在 43.3% 左右，此时光伏供应链博弈系统是稳定的。相反，如果速度大于阈值 $\hat{g}_1$，政府会采取较为激进的配额政策，即此时颁布的配额比例会随时间反复波动，此时系统失去稳定性，开始出现分岔与混沌现象。在美国，地方州政府一般表现出较为保守的调整行为特征。源自美国州议会联合会（National Conference of State Legislatures）的数据显示，美国绝大多数州在初始时均施行了较低的配额要求，然后逐步提高配额比例，最终保持在一个较高的比例。例如，美国特拉华州配额比例经历了多次调整，即从 2025 年 25% 的目标上升到 2030 年的 28%，再上升到 2035 年的 40%。加利福尼亚州规定 2024 年配额要求为 44%，2027 年上升至 52%，2030 年为不小于 60%。由此可见，局中人调整决策的频率会影响决策者的行为特征，进而影响具体决策。有关政府政策的演化情况，将在下一小节继续进行深入讨论。此外，图 5-5（b）和图 5-5（c）分别给出了光伏承建商光伏板售价 p 以及电力企业太阳能年发电量 Q 的分岔图，给出了调整速度的临界值。其阈值分别为 $\hat{g}_2 = 1.028 \times 10^{-8}$ 和 $\hat{g}_3 = 5.206$，且光伏发电量 Q 的数值模拟值约为 $7.551 \times 10^7 \text{KW} \cdot \text{h}$。

（a）政府决策的分岔图

（b）光伏承建商决策的分岔图

（c）电力企业决策的分岔图

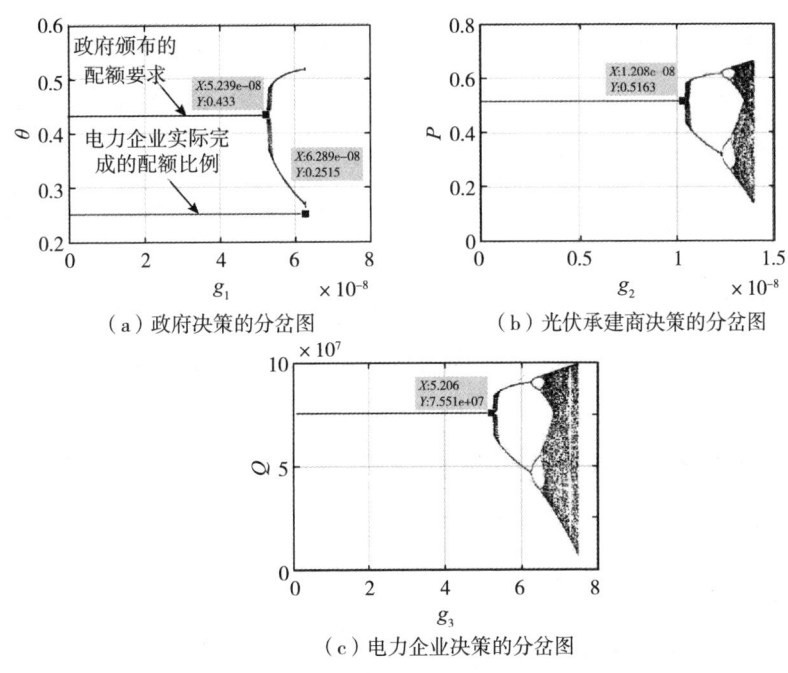

图 5-5　不同成员决策的分岔图

5.6.3　复杂行为特征与利润分配

前文虽然分析了决策主体的行为特征及其对系统稳定性的影响，但无法评估不同的调整行为会对供应链上下游产生何种中长期影响。本小节将进一步研究供应链成员策略演化以及利润情况。首先分析各成员在系统稳定状态下最终达到的状态。根据不动点式（5-16）的解析式和基准参数值，求出不动点的数值，结果为 $E^* = (0.432332, 0.516449, 75452900)$。以特拉华州为例，43.2%的数值模拟结果与实际情况下的配额要求十分接近。光伏价格 $P=0.516449\$/(kW\cdot h)$ 经换算后，其数值模拟结果约为 1508.03 \$/kW。该价格与 Feldman 等所研究的光伏历史价格一致。$Q=75452900kW\cdot h$ 表明该社区每户居民平均订购 3.158kW 的光伏容量。

图 5-6 进一步研究最优决策如何随时间演变。仍以特拉华州为例，图 5-6（a）中横轴为迭代次数，也代表 2025—2035 年。虚线是当初始值设定为 $\theta(1)'=0.252$，$P(1)'=0.7$，$Q(1)'=71680255$ 时政府配额要求的演化路径。由此可见，如果政府将初始值设定为 25.2% 并采取保守的决策调整行为，则随着时间的推移政府会慢慢增加配额要求，直到约 40% 的水平。该结果与特拉华州的实际决策情况十分接近。由此可见，政府在中长期施政计划中，可以逐步提升配额要求来一步步完成对可再生能源的供给侧改革。图中的水平实线为比较基准，表示由不动点 E^* 计算出的最优结果为 43.2%。此外，虚线的实际策略随时间推移不断接近不动点。图 5-6（b）描述了太阳能光伏价格的下降趋势波动特征。图 5-6（c）描述了太阳能安装量的增加趋势，其演化特征也与过去十年光伏安装量表现出上升趋势的相关研究结论吻合。

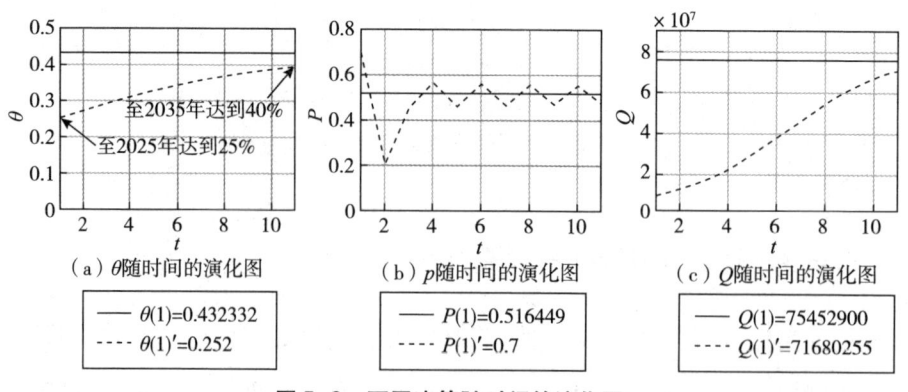

图 5-6 不同决策随时间的演化图

图 5-7 展示了不同行为特征如何影响供应链上下游成员的中长期利润。图 5-7（a）为政府中长期利润随 g_1 和 g_3 的变化情况。从图中可以发现，

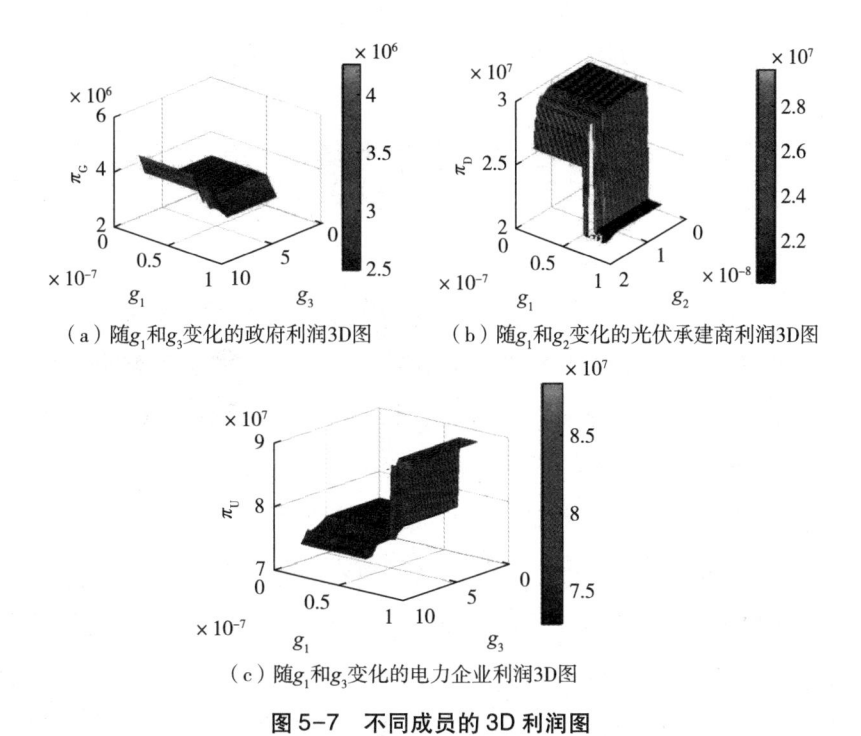

(a)随g_1和g_3变化的政府利润3D图　　(b)随g_1和g_2变化的光伏承建商利润3D图

(c)随g_1和g_3变化的电力企业利润3D图

图5-7　不同成员的3D利润图

政府如果自己采取激进的调整策略,则会因为分岔与混沌现象伤害到自身的中长期收益。但如果电力企业采取较为激进的调整策略,则对政府有利。因此,政府应尽量避免自身过于激进的调整策略。图5-7(b)给出了光伏承建商的利润随g_1和g_2的变化情况。可以看出,若光伏承建商自身的决策调整速度增加,则会出现分岔与混沌行为。分岔与混沌同样会损害光伏承建商的中长期利润。但有意思的是,随着政府调整速度的加快,光伏承建商的利润在出现了一个断崖式下降后,重新稳定在一特定值。该现象是由于政府在分岔与混沌决策行为中放弃了高标准的配额政策,这对光伏承建商十分不利。图5-7(c)给出了电力企业的利润随g_1和g_3的变化情况。同样地,电力企业不应采取激进的调整策略。但因为政府的激进调整行为导致系统失稳,电力企业的中长期利润出现一个突增。因此,电力企业希望政府快速调整配额比例。

5.7　本章小结

第一，研究了在配额制政策干预下政府、光伏承建商和电力企业之间的博弈内生机理，构建了不同政策实施情况下的光伏供应链短期博弈模型，以及配额制下的中长期重复博弈模型，给出了博弈模型的纳什均衡解，分析了中长期重复博弈系统的不动点及其稳定性。

第二，比较了实施和不实施配额制政策对光伏供应链上下游产生的影响。从政府的角度，将可再生能源发电配额要求分为两种不同的最优策略，即温和的政策和高标准的政策。本章给出了区分两种不同政策配额比例阈值的计算方式，基于配额制阈值，建议政府在政策实施阻力不大且罚金较高的情况下颁布高标准的配额要求而非低标准政策。政府通过强制性规制和市场化手段相结合的方式，从供给侧倒逼电力企业进行能源结构改革。从光伏承建商的角度看，政府在颁布了高标准的配额比例要求后，光伏承建商应该提高光伏板的售价来获得更高的利润。同时研究发现，光伏承建商的利润增长，是由于光伏板的价格上涨和因配额制导致太阳能安装量增长的耦合作用。从电力企业的角度看，公司因为投资新的太阳能不仅意味着成本增加，还会跟自身火电项目形成竞争。

第三，阐述了中长期重复博弈系统的复杂特性，揭示了配额制对供应链成员中长期决策演化与利润的影响。根据策略演化图，研究发现光伏供应链成员决策的演化路径与实际案例相符，证明了中长期重复博弈系统能够很好地刻画现实情形。基于中长期利润图，研究发现保守的决策行为能够保证成员获得稳定的现金流。但如果供应链成员的决策调整速度变快，系统出现分岔与混沌现象，则会导致利润的波动。一般情况下，分岔与混沌会对利润造成负面影响，应当予以避免。

第6章
政策补贴光伏承建商视角下的
光伏回收供应链博弈研究

6.1 问题背景

过去几十年在政府各项助推政策的刺激下,光伏累计装机量逐年大幅上升。然而,越来越多的光伏板即将达到设计使用年限,甚至很多光伏系统已经超过使用寿命并遭到废弃。根据国际可再生能源机构(International Renewable Eneray Agency)的估计,截至 2016 年年末,全球约有 25 万吨光伏废弃物。此外,太阳能板的损耗与折旧同样呈现逐年递增的态势。图 6-1 以 Weckend 等的研究报告为基础,整理了不同年份下世界主要国家的太阳能光伏系统预估累计折旧量。其中,图 6-1(a)绘制了基于正常使用假设下的光伏系统累计折旧估计量;图 6-1(b)展示了基于有超前和额外损耗下的光伏系统累计折旧估计量。从图中可见,两种假设下各国家的光伏板折旧量均呈迅速递增的趋势,形成大量废旧光伏板。由于废旧光伏板的处理成本较高,大量废旧光伏板将处于无人维护的状态。

Qi 和 Zhang 在研究中指出,废旧光伏系统可能从许多方面危害当地环境,例如造成水污染、废气污染,甚至光污染等。许多已有文献也呼吁人们更多地关注这些废弃光伏系统所造成的负面影响。因此,废旧光伏板回收已经成为一个亟待解决的问题。Xu 等也在研究中提到应该在享受绿色太阳能的同时,应对好处理废旧光伏板回收的挑战。但光伏板的寿命通常在几十年,因此政府调整助推政策时会有滞后性。Oteng 等的研究指出,从政策层面出发,废旧光伏板回收问题在很多国家还没有得到足够的关注。除非在回收技术等方面加大研发(Research and Development,R&D)力度,否则未来随着政策的缺失,废旧光伏系统很可能引发更多十分棘手的问题。目前,有前景的政策包括为回收技术的研发提供补贴、立法强制回收、加

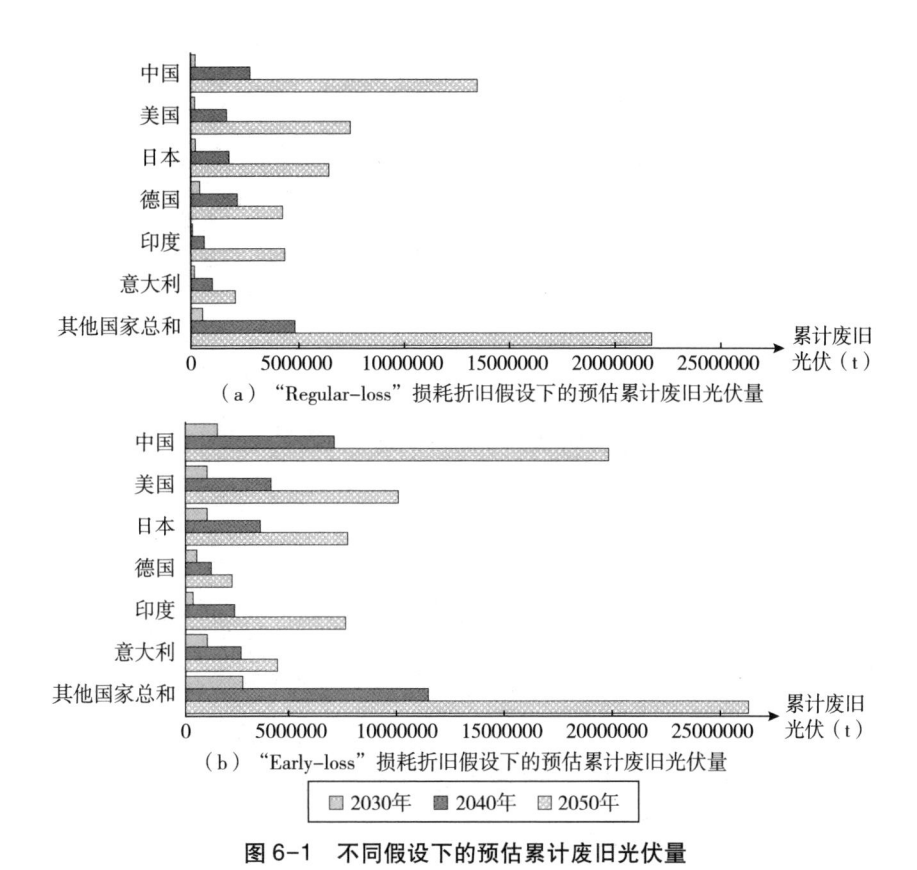

第6章 政策补贴光伏承建商视角下的光伏回收供应链博弈研究

(a) "Regular-loss" 损耗折旧假设下的预估累计废旧光伏量

(b) "Early-loss" 损耗折旧假设下的预估累计废旧光伏量

图 6-1 不同假设下的预估累计废旧光伏量

大宣传力度培养环保意识等。对政府而言，不仅要关注新安装光伏的助推政策实施效果，还要研究推动解决废旧光伏回收问题的路径。本章旨在帮助决策者寻求最优策略，并从中总结出有效的政策管理建议。此外，光伏系统在通常情况下的设计使用年限为25～30年。值得注意的是，光伏系统的输出功率会随时间的推移逐渐降低，该现象称为光伏衰减。从经济角度出发，光伏衰减对衡量项目的现金流至关重要。因为当其他条件一定时，光伏衰减率越高则光伏发电量越少，投资收益越低。目前，鲜有文献从经济角度研究光伏衰减如何影响投资人对太阳能板回收的意愿。本章将通过模型定量研究该问题，提供相关管理建议。本章的主要研究动机与现有的两篇关于光伏回收的文献相关。Oteng 等在研究中指出，由于许多国家的政策进展缓慢，亟待推进有关废旧光伏回收的研究工作。Curtis 等报告了有关光伏回收的几个关键障碍，包括但不限于：①缺少研发技术研究和投入；②缺少经济刺激；③缺少支持资源回收再利用的相关法律政策。为研究研发补贴政策干预对光伏回收供应链决策的影响，本章将构建短期光伏回收供应链博弈模型和重复博弈模型，探讨政策对供应链各成员收益的影响。

6.2 模型描述与基本假设

考虑一家光伏承建商从市场中回收自家安装的二手废旧光伏产品，该产品的性能保证期为 T 年。性能保证期也可以被理解为产品设计使用寿命年限，即在寿命年限内光伏承建商承诺保证光伏产品的输出概率在一定水平以上。一些现有光伏板产品在安装后的第一个 10 年内可以保证 90% 的设计输出功率。然后，在剩余的 15~20 年里发电效率会衰减至约 80% 的水平。值得注意的是，当实际中光伏系统的工作年限超过性能保证期以后，并不意味着光伏系统的输出功率就立即降为零。基于 Jordan 和 Kurtz 对实际光伏衰减数据的研究，本章使用单调递减的指数函数来描述光伏衰减特征，其具体形式为

$$\eta(t) = e^{-\alpha t} \tag{6-1}$$

式中，$\alpha \in \mathbb{R}^+$，表示光伏衰减率；$t \in T = [0, +\infty)$，为光伏使用时间；$\eta(t)$ 为第 t 时刻光伏的发电效率。

为了更直观地展示发电效率随使用时间的变化特征，图 6-2 绘制了在三种不同光伏衰减率下光伏板的效率曲线。图中以 $T=25$ 年性能保证期的光伏系统为例，横轴为使用年数，纵轴为发电效率。若衰减率越大，则在同样使用年限下光伏效率越低。本章假定光伏承建商所生产光伏产品的光伏

衰减率为 $\alpha=1.5\%$。

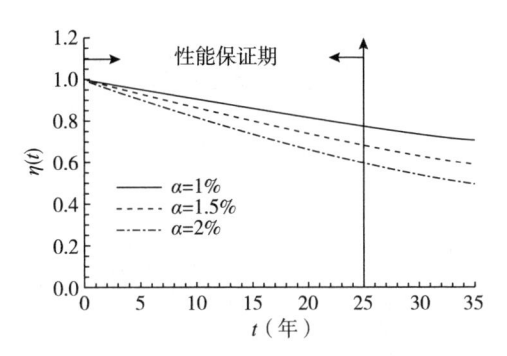

图 6-2 不同 α 下的光伏板发电效率随时间衰减情况

考虑一个具有风险规避偏好的光伏投资人或投资人群体①,光伏投资人可以是电力企业或居民等,本章将其统称为投资人。假定在 $t=0$ 时安装光伏系统并将其投入使用。经过 T 年的使用后,承建商要在 $t=T$ 时决定废旧光伏的回收价格 $p \in P=[0,+\infty)$。

从投资人的角度出发,虽然在达到性能保证期后光伏发电系统的效率已大幅下降,但它仍可以在白天以较低的效率发电,并产生经济效益。因此,在光伏系统已经被使用 T 年后,投资人可以对比回收价格与光伏板剩余价值,然后决定光伏板的回收量 $a,q \in Q=[0,+\infty)$。需要指出的是,光伏发电受实际光照时长的影响很大。该不确定性因素被称为发电的间歇性,并会导致投资人收益的波动。出于对间歇性的考虑,本章采用服从正态分布的随机变量 $\tilde{\theta} \sim N(\mu, \sigma^2)$ 来描述光照时长的随机特征。式中,$\mu \in \mathbb{R}^*$ 代表光照时长的期望值,σ 表示标准差。

作为新兴产业,处于发展起步阶段的废旧光伏板回收产业需要更高效率的回收技术,来降低废旧光伏的回收成本。在本章中,将光伏承建商为了降低回收成本而进行的研发努力定义为 $e,e \in E=[0,+\infty)$。然而,光伏承建商开展技术研发需要消耗大量资金,因此政府可以考虑实施激励政

---

① 可以将居民视为一个整体。

策。与 Xie 等的研究相似,当光伏承建商的研发努力程度为 e 时,将政府补贴与研发努力程度之间的关系定义为如下二次形式:

$$\Phi(\phi, e) := \frac{\phi}{2}e^2 \tag{6-2}$$

式中,$\phi \in G = [0, \gamma)$,表示政府需要决策的研发创新补贴因子。

本章通过构建包括政府、光伏承建商和投资人在内的废旧光伏回收供应链主从博弈模型,分别计算出两种不同博弈情形下的纳什均衡解,即政府补贴研发情形和政府不补贴研发情形。基于分析后的模型结果,为供应链各成员的决策制定提供理论支持。

为方便理解光伏回收供应链主从博弈结构,图 6-3 展示的主从博弈顺序如下:

阶段 1:政府公布废旧光伏回收的研发补贴率,即 ϕ。

阶段 2:光伏承建商同时决策回收价格 p 和研发努力程度 e。

阶段 3:投资人决定废旧光伏回收量 q。

值得注意的是,在政府不施行研发的情形下,虚线框内的阶段 1 需要被移除。

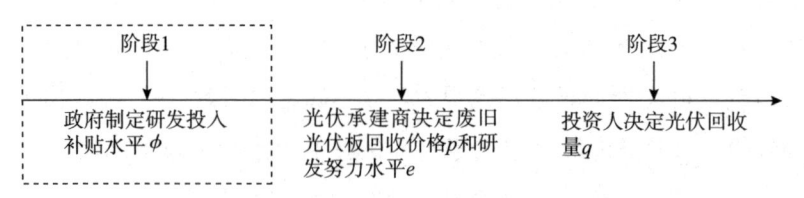

图 6-3 废旧光伏回收供应链模型主从博弈顺序

此外,本章将所使用的集合、索引符号,变量符号、参数符号及符号所表示的含义总结在表 6-1 中。

表 6-1 本章模型所用符号及其含义

符号		含义
集合和索引	$i \in \{G, M, C\}$	局中人集合，G、M 和 C 分别对应政府、光伏承建商和投资人
	$j \in \{S, N\}$	情形集合，S 和 N 分别对应政府实施研发补贴和不实施政府研发补贴的情形
变量	ϕ	政府需要决策的研发创新补贴水平
	p	光伏承建商需要制定的回收价
	e	光伏承建商需要决策的研发努力水平
	q	投资人需要决策的回收量
	CS	参与光伏回收的投资人期望效用的净收益，也称投资人回收剩余
	$\tilde{\theta}$	年日照时长
	Φ	总补贴额
	π_i^j	局中人在情形下的净收益或社会福利
参数	b	太阳能回收带来的社会效益
	m	对回收光伏板再制造后产生的边际利润
	r	电价
	t	时间
	T	光伏板的性能保证期
	α	光伏衰减率
	β	边际回收成本降低影响因子
	γ	研发成本影响因子
	λ	风险规避因子
	μ	年日照时长的期望值
	σ	年日照时长的标准偏差
	ρ	资金折现系数

6.3 研发补贴政策下的废旧光伏回收短期博弈模型构建

根据政府是否实施研发补贴政策,可以将废旧光伏回收博弈模型分为两种情形进行研究:①政府实施补贴情形(以角标 S 表示);②政府不实施补贴情形(以角标 N 表示)。

6.3.1 政府实施补贴情形

第一,分析投资人面临的光伏回收问题。投资人的目标是最大化其 π_C^S,效用可以用 $t=T$ 时的净现值来衡量。从收入的角度出发,让光伏承建商将达到性能保证期的光伏系统分解回收,投资人可以同时收到相应的回收补偿金。该金额可由边际回收价格乘以回收量计算,即 pq。从成本的角度出发,由于光伏系统在超过性能保证期后仍可以发电并产生收益,因此投资人回收存在机会成本。投资人可以通过计算光伏系统从 $t=T$ 时刻开始一直不回收废旧光伏,最终能够产生的收益来衡量该机会成本。该机会成本的衡量涉及工程经济学领域的现值、年值和终值的计算,此处不进行详细展开。不加证明地给出机会成本的表达式为 $e^{\rho T}\int_T^\infty e^{-\rho t}(r\eta(t)q\tilde{\theta})\mathrm{d}t$。值得注意的是,式中的 e 为自然底数,需要与斜体的研发努力程度加以区分。结合式(6-1),投资人的净现值可以用光伏承建商给予的废旧光伏回收补偿金减去机会成本计算:

$$\pi_C^S(p, q, \tilde{\theta}) = pq - e^{\rho T}\int_T^\infty e^{-\rho t}(re^{-\alpha t}q\tilde{\theta})\mathrm{d}t \qquad (6\text{-}3)$$

计算式(6-3)中的积分,可以得到 $\pi_C^S(p, q, \theta) = \left(p - \dfrac{e^{-T\alpha}}{\alpha+\rho}r\tilde{\theta}\right)q$。

定义 $A \equiv \dfrac{\mathrm{e}^{-T\alpha}}{\alpha+\rho} \in \mathbb{R}^+$，并将其代入上式后得到更新后的光伏投资人的净现值：

$$\pi_\mathrm{C}^\mathrm{S}(p, q, \tilde{\theta}) = (p-Ar\tilde{\theta})\,q \tag{6-4}$$

经过观察可发现，式（6-4）包含随机变量 $\tilde{\theta}$。根据前景理论（Prospect Theory），决策者的效用函数依赖其对风险的感知偏好。本章采用与 Tang 等相似的研究方法来刻画投资人面对风险时的行为特征。首先，定义用来刻画风险规避行为的映射 $U: \mathbb{R} \mapsto B = (-\infty, 1)$，其具体形式为 $U(x) = 1-\mathrm{e}^{-\lambda x}$。其中，$\lambda \in \mathbb{R}^+$ 为风险规避因子，用以衡量投资人对风险的厌恶程度。将式（6-4）代入映射 f 中，得到投资人风险规避心理下的效用函数为

$$U(\pi_\mathrm{C}^\mathrm{S}(p, q, \tilde{\theta})) = 1-\mathrm{e}^{-\lambda(p-Ar\tilde{\theta})q} \tag{6-5}$$

在给定光照时长正态分布 $\tilde{\theta} \sim N(\mu, \sigma^2)$ 下，计算式（6-5）的期望，可以得到投资人光伏回收的期望效用为

$$\mathbb{E}(U(\pi_\mathrm{C}^\mathrm{S}(p, q, \tilde{\theta}))) = 1-\mathrm{e}^{-\lambda((p-A\mu r)q-\frac{1}{2}A^2\lambda q^2 r^2 \sigma^2)} \tag{6-6}$$

式中，$\mathbb{E}[\cdot]$ 代表期望。

定义逆映射 $U^{-1}: B \mapsto \mathbb{R}$。进而对式（6-6）求逆映射，得到投资人光伏回收期望效用的确定性等价（Certainty Equivalence），在本章中也被称为"投资人回收剩余"：

$$\begin{aligned}\pi_\mathrm{C}^\mathrm{S}(p, q) &= U^{-1}(\mathbb{E}[U(\pi_\mathrm{C}^\mathrm{S}(p, q, \tilde{\theta}))]) \\ &= (p-A\mu r)q - \frac{1}{2}A^2\lambda q^2 r^2 \sigma^2\end{aligned} \tag{6-7}$$

第二，本节将研究光伏承建商在废旧光伏回收过程中面对的决策问题。从收入的角度出发，光伏承建商的收益来源可以分为两个部分：①废旧光伏的再制造收益，可以用边际利润乘以回收量衡量，即 mq；②政府给予的研发补贴，即式（6-2）中给出的 $\Phi(\phi, e)$。

从成本的角度出发，总成本共分为三部分：①支付给投资人的回收金额 pq；②回收处理成本 $C_\mathrm{R}(e, q)$；③研发投入成本 $C_\mathrm{I}(e, q)$。本章考虑

与 Ge 等的研究类似的方程，来刻画回收处理成本中边际回收成本随着光伏承建商研发投入的增大而降低的特性，即

$$C_R(e, q) = (c_0 - \beta e)q \tag{6-8}$$

式中，$c_0 \in \mathbb{R}^+$，是指不进行研发投入时的边际回收成本。

此处可将 c_0 设为零，且该假设并不会影响均衡解的性质。此外，依然采用与 Ge 相似的二次函数形式，来刻画成本（3）中研发投入成本随努力程度的增加而出现边际效用递减的现象，即

$$C_I(e) = \frac{\gamma}{2}e^2 \tag{6-9}$$

综上所述，光伏承建商的净利润可以由总收入减去总成本得出，其形式如下式所示：

$$\begin{aligned}\pi_D^S(p, e, q) &= mq - pq - C_R(e, q) - C_I(e) + \Phi(e) \\ &= (m-(p-\beta e))q - \frac{\gamma}{2}e^2 + \frac{\phi}{2}e^2\end{aligned} \tag{6-10}$$

第三，本节将研究政府面对的研发补贴政策制定问题。政府在该问题中的目标是最大化社会福利。社会福利取决于以下四个部分：①回收技术研发带动的就业、回收产业链升级等外部效益，即 be，其中 $b \in \mathbb{R}^+$，且该假设与 Xie 等的研究假设一致；②提供给光伏承建商的补贴成本，即 $\Phi(\phi, e)$；③光伏承建商的净利润 $\pi_D^S(p, e, q)$；④投资人回收剩余 $\pi_C^S(p, q)$。

根据 Chen 等关于社会福利的定义，政府的目标函数为

$$\pi_C^j(\phi, p, e, q) = be - \Phi(\phi, e) + \pi_D^j(p, e, q) + \pi_C^j(p, q), j \in \{S, N\} \tag{6-11}$$

将式（6-7）和式（6-10）代入社会福利式（6-11）中，可以得到实施补贴情形下政府的目标函数：

$$\begin{aligned}\pi_G^S(e, q) &= be - \frac{\phi}{2}e^2 + (m-(p-\beta e))q - \frac{\gamma}{2}e^2 + \frac{\phi}{2}e^2 + (p-A\mu r)q - \frac{1}{2}A^2\lambda q^2 r^2 \sigma^2 \\ &= be + (m - A\mu + \beta e)q - \frac{\gamma}{2}e^2 - \frac{1}{2}A^2\lambda q^2 r^2 \sigma^2\end{aligned} \tag{6-12}$$

基于上述三个决策主体所面对的问题,利用式(6-7)、式(6-10)和式(6-12)构建政府施行研发补贴下的废旧光伏回收供应链主从博弈模型:

$$\max_{\phi \in G} \pi_G^S (e, q) = be + (m - A r \mu + \beta e) q - \frac{\gamma}{2} e^2 - \frac{1}{2} A^2 \lambda q^2 r^2 \sigma^2$$

$$\text{s.t.} \begin{cases} \max\limits_{p,e} \pi_M^S (p, e) = (m - (p - \beta e)) q - \frac{\gamma}{2} e^2 + \frac{\phi}{2} e^2 \\ \text{s.t. } q = \arg\max\limits_{q \in Q} \pi_C^S (q) = (p - A \mu r) q - \frac{1}{2} A^2 \lambda q^2 r^2 \sigma^2 \end{cases} \quad (6-13)$$

6.3.2 政府不实施补贴情形

本节将研究政府不实施补贴情形下的主从博弈问题。由于政府不给予光伏回收研发补贴,因此政府不再是博弈中的局中人,无须进行决策。因此,在该情形下仅有光伏承建商和投资人参与博弈。与政府实施补贴的情形相比,投资人的目标函数不变,仍为式(6-7)。因此,等式 $\pi_C^S = \pi_C^N$ 成立。

然而,从光伏承建商的角度出发,与政府实施补贴情形相比,应在光伏承建商的目标函数中去除政府补贴项 $\Phi(e)$,即

$$\begin{aligned} \pi_D^N (p, e, q) &= mq - pq - C_R (e, q) - C_I (e) \\ &= (m - (p - \beta e)) q - \frac{\gamma}{2} e^2 \end{aligned} \quad (6-14)$$

结合式(6-7)和式(6-14),政府不实施补贴情形下的主从博弈问题如下:

$$\max_{p,e} \pi_M^N (p, e) = (m - (p - \beta e)) q - \frac{\gamma}{2} e^2$$
$$\text{s.t. } q = \arg\max_{q} \pi_C^N (q) = (p - A \mu r) q - \frac{1}{2} A^2 \lambda q^2 r^2 \sigma^2 \quad (6-15)$$

值得注意的是,尽管在该情形下政府不参与博弈,但依然可以通过计算得到社会福利:

$$\pi_G^N(p, e, q) = be + \pi_D^N(p, e) + \pi_C^N(q) \tag{6-16}$$

6.4 废旧光伏回收供应链博弈模型解析

6.4.1 纳什均衡情形

本节将分析废旧光伏回收博弈模型的纳什均衡解。由于两种情形下纳什均衡的推导方法类似,因此仅详细介绍政府实施研发补贴情形下模型均衡解的求解过程。

基于主从博弈逆向递归法,首先分析式(6-13)中投资人目标函数的最大化问题。由于投资人的目标函数对决策变量的二阶导数为 $\dfrac{d^2\pi_C^S(q)}{dq^2}=-A^2\lambda r^2\sigma^2<0$,因此投资人回收剩余存在极大值。然后计算目标函数的一阶导数并令其等于零,即 $\dfrac{d\pi_C^S(q)}{dq}=0$,求解方程后可以得到投资人的最优反应函数:

$$q^{BRF} = \frac{p - A\mu r}{A^2 \lambda r^2 \sigma^2} \tag{6-17}$$

对于投资人而言,光伏承建商是主从博弈的领导者。光伏承建商在观察到投资人的最优反应函数后对变量 p 和 e 进行决策。为了解目标函数的性质,将最优反应函数式(6-17)代入光伏承建商的目标函数后,首先计算其海塞矩阵(Hessian Matrix)如下:

$$H_D^S = \begin{pmatrix} -\dfrac{2}{A^2\lambda r^2\sigma^2} & \dfrac{\beta}{A^2\lambda r^2\sigma^2} \\ \dfrac{\beta}{A^2\lambda r^2\sigma^2} & \phi-\gamma \end{pmatrix} \tag{6-18}$$

海塞矩阵式（6-18）的第一阶顺序主子式 $D_1=-\dfrac{2}{A^2\lambda r^2\sigma^2}<0$，第二阶顺序主子式 $D_2=\dfrac{2A^2\lambda r^2\sigma^2(\gamma-\phi)-\beta^2}{A^4\lambda^2 r^4\sigma^4}$。因为当光伏承建商须面对目标函数极大值问题时，博弈问题才具有实际意义，且当海塞矩阵为负定时，光伏承建商的利润函数存在极大值。当同时满足条件 $D_1<0$ 时，海塞矩阵为负定。所以，整理不等式 $D_2>0$ 后，可以得到不等式条件：

$$2A^2\lambda r^2\sigma^2(\gamma-\phi)-\beta^2>0 \tag{6-19}$$

在计算出 ϕ 的最优解后，再进一步讨论不等式（6-19）。

然后，对代入式（6-17）的光伏承建商的目标函数分别求关于 p 和 e 的一阶偏导数，联立并求解方程组后可得光伏承建商的最优反应函数：

$$\begin{cases} p^{\text{BRF}}=\dfrac{Ar(A\lambda r\sigma^2(\gamma-\phi)(A\mu r+m)-\beta^2\mu)}{2A^2\lambda r^2\sigma^2(\gamma-\phi)-\beta^2} \\ e^{\text{BRF}}=\dfrac{\beta(m-A\mu r)}{2A^2\lambda r^2\sigma^2(\gamma-\phi)-\beta^2} \end{cases} \tag{6-20}$$

显然，最优研发水平 e^{BRF} 应大于零。再结合不等式（6-19），可以得到不等式条件：

$$m-A\mu r>0 \tag{6-21}$$

将最优反应函数式（6-20）代入政府的目标函数中，计算目标函数的二阶导数 $\dfrac{\mathrm{d}^2\pi_\text{G}^\text{S}(e,q)}{\mathrm{d}\phi^2}$ 和一阶导数 $\dfrac{\mathrm{d}\pi_\text{G}^\text{S}(\phi)}{\mathrm{d}\phi}$。然后令一阶导数为零，即 $\dfrac{\mathrm{d}\pi_\text{G}^\text{S}(\phi)}{\mathrm{d}\phi}=0$，解方程后可以得出政府补贴率的最优解：

$$\phi^\text{S}=\gamma-\dfrac{2\beta(\gamma(mA\mu r)+b\beta)}{Ar(4Ab\lambda r\sigma^2-3\beta\mu)+3\beta m} \tag{6-22}$$

将式（6-22）代入刚计算出的二阶导数 $\dfrac{\mathrm{d}^2\pi_\text{G}^\text{S}(e,q)}{\mathrm{d}\phi^2}$ 中，得到

$\dfrac{\mathrm{d}^2\pi_\text{G}^\text{S}(e,q)}{\mathrm{d}\phi^2}=\dfrac{A^2\lambda r^2\sigma^2(Ar(4Ab\lambda r\sigma^2-3\beta\mu)+3\beta m)^4}{\beta^2(m-A\mu r)^2(3\beta^2-4A^2\gamma\lambda r^2\sigma^2)^3}$。由于政府利润出现极大

值的条件为二阶导数小于零，因此解不等式$\dfrac{\mathrm{d}^2 \pi_{\mathrm{G}}^{\mathrm{S}}(e,q)}{\mathrm{d}\phi^2}<0$后，可以得到不等式条件：

$$4A^2\gamma\lambda r^2\sigma^2-3\beta^2>0 \tag{6-23}$$

此外，将式（6-22）也代入不等式（6-19）中，整理可得新的不等式条件为

$$Ar(4Ab\lambda r\sigma^2-3\beta\mu)+3\beta m>0 \tag{6-24}$$

最后，政府不实施补贴情形下的纳什均衡的求解方法与上述过程一致，此处不再赘述。值得注意的是，在证明不实施补贴情形下光伏承建商的海塞矩阵为负定时，可求解出新的不等式条件如下：

$$2A^2\gamma\lambda r^2\sigma^2-\beta^2>0 \tag{6-25}$$

不等式（6-25）的求解过程与不等式（6-24）的求解过程相似。

命题 6.1 在求解了两种情形下光伏回收模型的纳什均衡解后，表 6-2 总结了纳什均衡解的结果。

表 6-2 两种情形下的均衡解

实施补贴情形	不实施补贴情形
$\phi^{\mathrm{S}}=\gamma-\dfrac{2\beta(b\beta+B_1\gamma)}{B_3}$	—
$p^{\mathrm{S}}=\dfrac{Ar(2A\lambda r\sigma^2(b\beta+B_1\gamma)+B_2\mu)}{B_2}$	$p^{\mathrm{N}}=\dfrac{Ar(AB_1\gamma\lambda r\sigma^2+B_4\mu)}{B_4}$
$e^{\mathrm{S}}=\dfrac{B_3}{B_2}$	$e^{\mathrm{N}}=\dfrac{\beta B_1}{B_4}$
$q^{\mathrm{S}}=\dfrac{2(b\beta+B_1\gamma)}{B_2}$	$q^{\mathrm{N}}=\dfrac{\gamma B_1}{B_4}$
$\pi_{\mathrm{G}}^{\mathrm{S}}=\dfrac{4A^2b^2\lambda r^2\sigma^2+6b\beta B_1+3B_1^2\gamma}{2B_2}$	$\pi_{\mathrm{G}}^{\mathrm{N}}=\dfrac{B_1(B_1\gamma(A^2\gamma\lambda r^2\sigma^2+B_4)+2b\beta B_4)}{2B_4^2}$

续 表

实施补贴情形	不实施补贴情形
$\pi_D^S = \dfrac{B_1(b\beta+B_1\gamma)}{B_2}$	$\pi_D^N = \dfrac{B_1^2\gamma}{2B_4}$
$\pi_C^S = \dfrac{2A^2\lambda r^2\sigma^2(b\beta+B_1\gamma)^2}{B_2^2}$	$\pi_C^N = \dfrac{A^2B_1^2\gamma^2\lambda r^2\sigma^2}{2B_4^2}$
$\Phi^S = \dfrac{B_3(4A^2 b\gamma\lambda r^2\sigma^2 - 2b\beta^2 + \beta B_1\gamma)}{2B_2^2}$	—

注：表中的"—"表示空值；$B_1 \equiv m - A\mu r > 0$；$B_2 \equiv 4A^2\gamma\lambda r^2\sigma^2 - 3\beta^2 > 0$；$B_3 \equiv Ar(4Ab\lambda r\sigma^2 - 3\beta\mu) + 3\beta m > 0$；$B_4 \equiv 2A^2\gamma\lambda r^2\sigma^2 - \beta^2 > 0$。

命题 6.2 为研究风险厌恶程度对各供应链成员最优决策的影响，分析纳什均衡解的性质后可得：

(1) $\dfrac{\partial \phi^S}{\partial \lambda} > 0$，$\dfrac{\partial p^S}{\partial \lambda} < 0$，$\dfrac{\partial e^S}{\partial \lambda} < 0$，$\dfrac{\partial q^S}{\partial \lambda} < 0$；

(2) $\dfrac{\partial p^N}{\partial \lambda} < 0$，$\dfrac{\partial e^N}{\partial \lambda} < 0$，$\dfrac{\partial q^N}{\partial \lambda} < 0$。

证明：通过求解表 6-2 中均衡解的偏导数，得到 $\dfrac{\partial \phi^S}{\partial \lambda} = \dfrac{8A^2 b\beta r^2\sigma^2(\gamma(m - A\mu r) + b\beta)}{[Ar(4Ab\lambda r\sigma^2 - 3\beta\mu) + 3\beta m]^2}$，$\dfrac{\partial p^S}{\partial \lambda} = -\dfrac{6A^2\beta^2 r^2\sigma^2(\gamma(m - A\mu r) + b\beta)}{(3\beta^2 - 4A^2\gamma\lambda r^2\sigma^2)^2}$，$\dfrac{\partial e^S}{\partial \lambda} = -\dfrac{12A^2\beta r^2\sigma^2(\gamma(m - A\mu r) + b\beta)}{(3\beta^2 - 4A^2\gamma\lambda r^2\sigma^2)^2}$，$\dfrac{\partial q^S}{\partial \lambda} = -\dfrac{8A^2\gamma r^2\sigma^2(\gamma(m - A\mu r) + b\beta)}{(3\beta^2 - 4A^2\gamma\lambda r^2\sigma^2)^2}$；$\dfrac{\partial p^N}{\partial \lambda} = \dfrac{A^2\beta^2\gamma r^2\sigma^2(A\mu r - m)}{(\beta^2 - 2A^2\gamma\lambda r^2\sigma^2)^2}$，$\dfrac{\partial e^N}{\partial \lambda} = \dfrac{2A^2\beta\gamma r^2\sigma^2(A\mu r - m)}{(\beta^2 - 2A^2\gamma\lambda r^2\sigma^2)^2}$，$\dfrac{\partial q^N}{\partial \lambda} = \dfrac{2A^2\gamma^2 r^2\sigma^2(A\mu r - m)}{(\beta^2 - 2A^2\gamma\lambda r^2\sigma^2)^2}$。再根据不等式（6-21），很容易证明命题中的不等式结论。

从命题 6.2 可以看出，如果投资人对风险的厌恶程度越高，光伏承建商研发的积极性越会受到抑制而非受到激励。此时政府必须提高研发补贴率，用以刺激光伏承建商的研发努力。较为反直觉的是，由于投资人更倾向于风险规避心态，因此光伏承建商在回收时反而不需要提高光伏回收价格。相反，光伏承建商可以压低回收价格，实现净利润最大化。

命题6.3 为进一步研究光伏边际利润对各供应链成员最优决策的影响，分析最优解的性质后可得：

(1) $\dfrac{\partial \phi^N}{\partial m}<0$，$\dfrac{\partial p^N}{\partial m}>0$，$\dfrac{\partial e^N}{\partial m}>0$，$\dfrac{\partial q^N}{\partial m}>0$；

(2) $\dfrac{\partial p^N}{\partial m}>0$，$\dfrac{\partial e^N}{\partial m}>0$，$\dfrac{\partial q^N}{\partial m}>0$。

证明：通过对表 6-2 中的均衡解求解偏导数，得到 $\dfrac{\partial \phi^N}{\partial m} = -\dfrac{2b(4A^2\beta\gamma\lambda r^2\sigma^2 - 3\beta^3)}{(Ar(4Ab\lambda r\sigma^2 - 3\beta\mu) + 3\beta m)^2}$，$\dfrac{\partial p^N}{\partial m} = \dfrac{3\beta^2}{8A^2\gamma\lambda r^2\sigma^2 - 6\beta^2} + \dfrac{1}{2}$，$\dfrac{\partial e^N}{\partial m} = \dfrac{3\beta}{4A^2\gamma\lambda r^2\sigma^2 - 3\beta^2}$，$\dfrac{\partial q^N}{\partial m} = \dfrac{2\gamma}{4A^2\gamma\lambda r^2\sigma^2 - 3\beta^2}$；$\dfrac{\partial p^N}{\partial m} = \dfrac{1}{2}\left(\dfrac{\beta^2}{2A^2\gamma\lambda r^2\sigma^2 - \beta^2} + 1\right)$，$\dfrac{\partial e^N}{\partial m} = \dfrac{\beta}{2A^2\gamma\lambda r^2\sigma^2 - \beta^2}$，$\dfrac{\partial q^N}{\partial m} = \dfrac{\gamma}{2A^2\gamma\lambda r^2\sigma^2 - \beta^2}$。再根据不等式（6-23）和不等式（6-25），容易证明命题中的不等式结论。

从命题6.3中可以发现，光伏承建商的回收边际利润 m 的提升可以表示光伏市场欣欣向荣的情景。此时，光伏承建商再制造后的光伏板可以在外部光伏市场赚到更多的收益。因此，边际利润的增加不仅会促使光伏承建商加大研发投入，还会让光伏承建商在回收光伏板时愿意出更高的价格进行回收。更高的回收价格增强了居民的回收意愿，所以增加了回收量 q。由于整个光伏回收市场进入了一个良性发展的状态，因此政府无须再高额补贴光伏回收研发行为，而应该降低补贴率。

6.4.2 投资人回收剩余解析

前文提到，式（6-7）中投资人的净收益在本章中也可以被命名为投资人回收剩余（CS），该名称来源于经济学中的"消费者剩余"。消费者剩余是指消费者在其支付意愿和实际支付值之间形成的差值所构成的心理剩余。

在回收问题中，投资人不再是经济学中的消费者，而变成类似经济学中"生产者"的概念，其角色与承建商互换。但值得注意的是，心理剩余、社会福利等相关经济学概念并未发生实质改变。因此，本章参考经济学中消费者剩余的概念，将参与光伏回收投资人的目标函数命名为投资人回收剩余，以体现投资人在其获得的回收金额和回收意愿之间形成的差值所构成的心理剩余。基于以上论述，可以得出以下命题。

命题6.4 投资人的净收益与本章所定义的投资人回收剩余等价，即 $\pi_C^j = CS$，$j \in \{S, N\}$。

证明：在计算投资人剩余之前，首先求出逆需求函数。整理式（6-17）后，可以得到逆需求函数：

$$p = A^2 \lambda r^2 \sigma^2 q + A\mu r \tag{6-26}$$

其次根据经济学定义，计算消费者剩余：

$$\begin{aligned} CS &= (A^2 \lambda q r^2 \sigma^2 + A\mu r)q - \int_0^q (A^2 \lambda r^2 \sigma^2 x + A\mu r)\mathrm{d}x \\ &= \frac{1}{2} A^2 \lambda q^2 r^2 \sigma^2 \end{aligned} \tag{6-27}$$

最后将式（6-26）移项整理后，即可得到 $\pi_C^j = CS$。命题6.4证毕。

值得注意的是，光伏回收模型中的逆需求函数式（6-26）与经济学中的逆需求函数完全不同，后者的价格 p 与需求量 q 呈负相关而前者与之相反，该现象是因为投资人与光伏承建商的角色交换。将本章的逆需求函数式（6-27）定义为 $g_1(q) = A^2 \lambda r^2 \sigma^2 q + A\mu r$。将传统经济学中的逆需求函数定义为 $g_2(q)$，$g_2(q)$ 与 q 成线性负相关。为方便理解，图6-4绘制了 $g_1(q)$ 和 $g_2(q)$ 两个逆需求函数。图中左上方的白色区域代表投资人回收剩余。下方的深色区域（效用1）是投资人在不考虑光伏不确定的情况下出售废旧光伏板获得的效用。在图6-4（a）中，浅色区域（效用2）是指由于光伏存在不确定性，回收废旧光伏同样存在收益的波动与风险，光伏承建商因此支付给风险规避偏好投资人的风险溢价。图6-4（b）绘制了传统经济学下的逆需求函数。

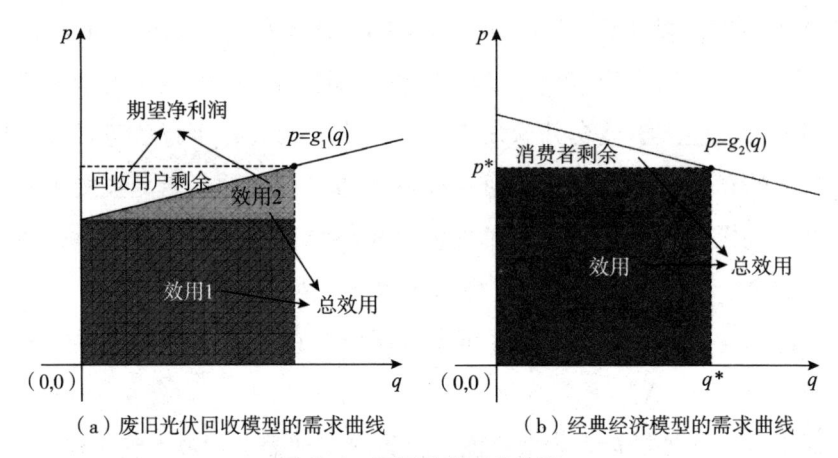

（a）废旧光伏回收模型的需求曲线　　（b）经典经济模型的需求曲线

图 6-4　不同类型需求曲线

6.4.3　研发补贴政策对光伏供应链博弈的影响解析

命题 6.5　在比较了博弈模型的纳什均衡解后，可以得到以下结论：
$p^S>p^N$，$e^S>e^N$，$q^S>q^N$

命题 6.5 可以通过结合表 6-2、式（6-21）、式（6-23）和式（6-25），分别比较 p^S-p^N，e^S-e^N 和 q^S-q^N 与 0 的关系来证明以上结论。由于证明过程较简单，因此证明过程可被省略。从命题中可以看出，政府实施政策后可以：①促使光伏承建商提高回收价格。虽然政府没有对光伏投资人提供直接的补贴，但由于政府补贴了光伏承建商的回收研发行为，因此承建商能够节省更多的回收成本，并将一部分利润让渡给光伏投资人。②促使光伏承建商提高研发投入。政府的补贴对承建商的研发投入起到了激励作用，有助于提升国家的光伏回收再制造产业竞争力。③促进提升光伏回收量。回收金额的提升最终促使更多的光伏投资人参与回收行为，有助于推动全社会废旧光伏的回收工作。

命题 6.6　比较博弈模型中供应链成员在最优决策下的净收益后，可以得到以下结论：
$\pi_G^S>\pi_G^N$，$\pi_M^S>\pi_M^N$，$\pi_C^S>\pi_C^N$

命题 6.6 的证明过程与命题 6.5 类似，即通过结合表 6-2、式（6-21）、式（6-23）和式（6-25），分别比较 $\pi_G^S-\pi_G^N$，$\pi_M^S-\pi_M^N$，$\pi_C^S-\pi_C^N$ 与 0 的关系来证明以上结论。从命题 6.6 可以明显看出，政府对光伏承建商的研发进行补贴后，供应链上每个成员的利润都可以被提升。因此，当存在大量废旧光伏板时，政府应该颁布并实施研发补贴政策。

6.5 研发补贴政策下的光伏供应链中长期博弈模型

6.5.1 模型构建

前文介绍了各成员在废旧光伏回收供应链博弈中的最优策略，以及两种不同政策情形下最优策略、利润的比较。但以上博弈模型只能分析短期博弈，且模型假设所有的决策主体都绝对理性。在实践中，运营决策可能需要经常随时间进行调整，供应链成员的决策也不一定绝对理性。因此，为了描述这种决策动态调整和非理性决策的特征，本节通过构建重复博弈系统研究光伏回收的中长期行为特征。具体而言，参照 Ahmed 的研究方法，每个供应链成员在第 $t+1$ 期的决策，是根据第 t 期的决策与决策调整速率乘以该成员决策调整时的边际利润之和。基于此，研发补贴政策下的废旧光伏回收中长期重复博弈系统具有如下差分形式：

$$\begin{cases}\phi(t+1)=\phi(t)+g_1\phi(t)\dfrac{A^2\beta\lambda r^2\sigma^2(A\mu r-m)(\beta(\gamma-3\phi(t))(m-A\mu r)-2b(2A^2\lambda r^2\sigma^2(\phi(t)-\gamma)+\beta^2))}{(2A^2\lambda r^2\sigma^2(\phi(t)-\gamma)+\beta^2)^3}\\p(t+1)=p(t)+g_2p(t)\dfrac{A\mu r+\beta e(t)+m-2p(t)}{A^2\lambda r^2\sigma^2}\\e(t+1)=e(t)+g_3e(t)\left(\dfrac{\beta(p(t)-A\mu r)}{A^2\lambda r^2\sigma^2}-e(t)(\gamma-\phi(t))\right)\\q(t+1)=q(t)+g_4q(t)(p(t)-A^2r^2\lambda q(t)\sigma^2-Ar\mu)\end{cases} \quad (6-28)$$

式中，$g_k \in \mathbb{R}^+$，$k \in \{1, 2, 3, 4\}$ 是刻画供应链成员决策调整速度的参数，分别对应 ϕ、p、e 和 q 的决策调整速度。

在该系统中，每个决策都会随时间迭代，产生有限理性下的动态决策。根据复杂系统理论，当满足以下条件时系统式（6-28）达到不动点：

$$\begin{cases} \phi(t+1) = \phi(t) \\ p(t+1) = p(t) \\ e(t+1) = e(t) \\ q(t+1) = q(t) \end{cases} \quad (6\text{-}29)$$

将式（6-29）代入系统式（6-28）中，可以解出唯一一个具有实际意义的不动点：

$$E^*(\phi, p, e, q) = \left(\gamma - \frac{2\beta(b\beta + B_1\gamma)}{B_3}, \frac{Ar(2A\lambda r\sigma^2(b\beta + B_1\gamma) + B_2\mu)}{B_2}, \frac{B_3}{B_2}, \frac{2(b\beta + B_1\gamma)}{B_2}\right)$$

(6-30)

结合命题 6.1，可以看出不动点与纳什均衡解相同。在没有外界扰动干预的情况下，当决策变量达到并稳定在不动点后，各供应链成员将保持均衡解下的最优策略，博弈系统将保持稳定状态。

6.5.2 平衡点及其稳定性分析

外部扰动可能改变系统的稳定性，系统中的成员可能由此改变运营决策。本节将研究系统不动点的稳定性，以及决策调整速度如何影响系统的演化情况。首先，计算系统的雅可比矩阵式（6-31），再将不动点式（6-30）代入雅可比矩阵中，可得

$$J_{ac}(E^*) = \begin{pmatrix} J_{11} & 0 & 0 & 0 \\ 0 & J_{22} & J_{23} & 0 \\ J_{31} & J_{32} & J_{33} & 0 \\ 0 & J_{42} & 0 & J_{44} \end{pmatrix} \quad (6\text{-}31)$$

式中，

$$J_{11} = 1 - \frac{g_1\left(A^2r^2\lambda\sigma^2 B_3^3\left(\beta\gamma B_1 + 2bB_4\right)\right)}{\beta^2 B_1^2 B_2^3}, J_{22} = 1 - 2g_2\left(\frac{\mu}{Ar\lambda\sigma^2} - \frac{2\left(b\beta+\gamma B_1\right)}{B_2}\right), J_{23} = g_2\beta\left(\frac{\mu}{Ar\lambda\sigma^2} + \frac{2Ar\lambda\left(\gamma B_1\sigma^2 + b\beta\right)}{Ar\lambda\sigma^2 B_2}\right), J_{31} = \frac{g_3 B_3^2}{B_2^2}, J_{32} = \frac{g_3\beta B_3}{A^2r^2\lambda\sigma^2 B_2}, J_{33} = 1 - \frac{2g_3\beta\left(b\beta+\gamma B_1\right)}{B_2}, J_{42} = \frac{2g_4\left(b\beta+\gamma B_1\right)}{B_2}, J_{44} = 1 - \frac{2g_4\left(A^2r^2\lambda\sigma^2\left(b\beta+\gamma B_1\right)\right)}{B_2}。$$

根据复杂系统理论，系统不动点的稳定性与雅可比矩阵式（6-31）的特征值有关。由于雅可比矩阵不是三角矩阵，故无法直接从对角元素中获得特征值，直接分析特征值的解析式较为困难。综上，本节将以实际数据为背景，通过数值模拟研究系统不动点的稳定性。

在进行数值模拟之前，首先介绍数据取值及来源。考虑光伏承建商对某一地区的废旧光伏进行回收，且光伏板在该地区在去除遮蔽等不利因素后每年能够以额定功率工作的平均日照时长为 438h，即 $\mu = 438$[①]。另外，假定标准差 $\sigma = 2$，用来衡量光伏发电的不确定性。与已有研究文献相同，本章也采用 $\rho = 10\%$ 的贴现率来衡量资金的时间价值。假设该地区的光伏发电上网电价为 $r = 0.16\$/(kW·h)$。另外如前文所述，考虑光伏承建商生产为期 25 年性能保证期的光伏板，即 $T = 25$。前文也假设了光伏衰减率为 $\alpha = 1.5\%$。最后，其余参数的取值如下：$b = 1$，$m = 35$，$\beta = 0.9$，$\gamma = 10$，$\lambda = 1$。

在以上给定参数的情况下，图 6-5 绘制了系统式（6-31）的稳定域。其中，图 6-5（a）中所示深色区域表示随决策调整速度影响的系统三维稳

[①] 假设一年有 365d，1d 平均有 4h 能够使光伏板在额定下工作。但由于实际功率小于额定功率，还有环境遮蔽等其他不利因素，因此上述工作状态仍过于理想。再将上述光照时长乘以 0.3 进行光照时长修正，由此得出的太阳能光照平均值为 365×4×0.3 = 438h/年。

定域。如果决策调整速度值在稳定域内，则供应链成员将保持纳什均衡解不变，则称该决策行为特征为"保守决策"。若决策调整速度超出稳定域外，系统将失去稳定性，将该行为称为激进决策行为。图 6-5（b）绘制了当 $g_1=0.0001$ 时三维稳定域的截面图。图中所示区域为光伏承建商的回收价格和研发努力决策调整速度的稳定域。供应链成员行为特征与图 6-5（a）中所述的特征一致。

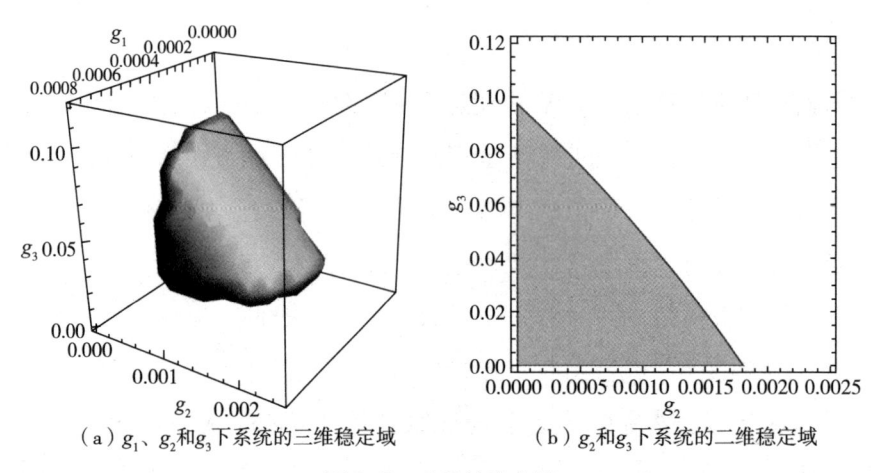

（a）g_1、g_2 和 g_3 下系统的三维稳定域　　（b）g_2 和 g_3 下系统的二维稳定域

图 6-5　系统的稳定域

除研究决策行为特征与系统稳定性之间的关系外，图 6-6 还研究了不同决策行为下的系统复杂行为特征。以图 6-6（a）为例，可以看出当调整速度 g_1 大于阈值 $5.15×10^{-4}$ 时，系统将出现分岔与混沌现象。该结果表明在激进决策行为下，政府不再维持最优补贴水平，而是动态地调整研发补贴率，此时系统失去稳定性，系统演化将变得异常复杂。类似地，从图 6-6（b）、图 6-6（c）和图 6-6（d）中也发现了与图 6-6（a）类似的复杂系统特征，并给出了系统失去稳定性的阈值。

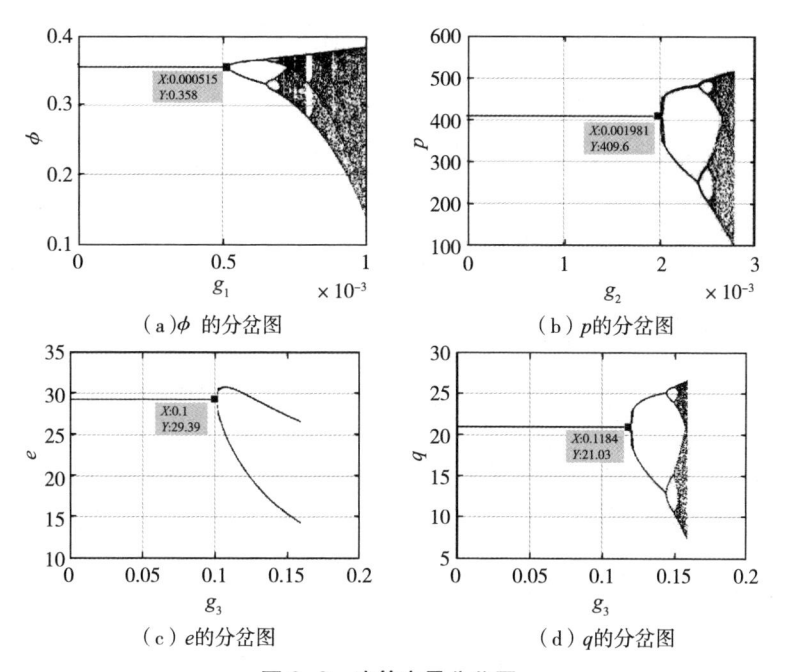

第6章 政策补贴光伏承建商视角下的光伏回收供应链博弈研究

(a) ϕ 的分岔图

(b) p 的分岔图

(c) e 的分岔图

(d) q 的分岔图

图 6-6 决策变量分岔图

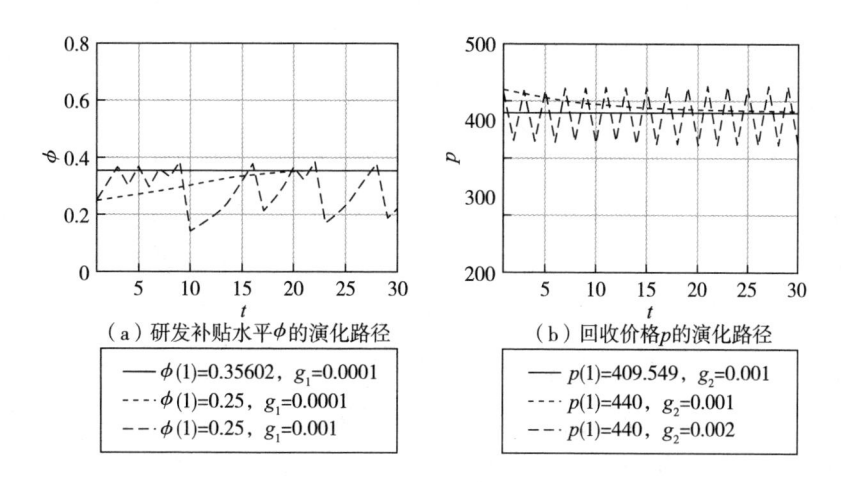

(a) 研发补贴水平 ϕ 的演化路径

—— $\phi(1)=0.35602$，$g_1=0.0001$
---- $\phi(1)=0.25$，$g_1=0.0001$
—·— $\phi(1)=0.25$，$g_1=0.001$

(b) 回收价格 p 的演化路径

—— $p(1)=409.549$，$g_2=0.001$
---- $p(1)=440$，$g_2=0.001$
—·— $p(1)=440$，$g_2=0.002$

(c)研发努力水平e的演化路径

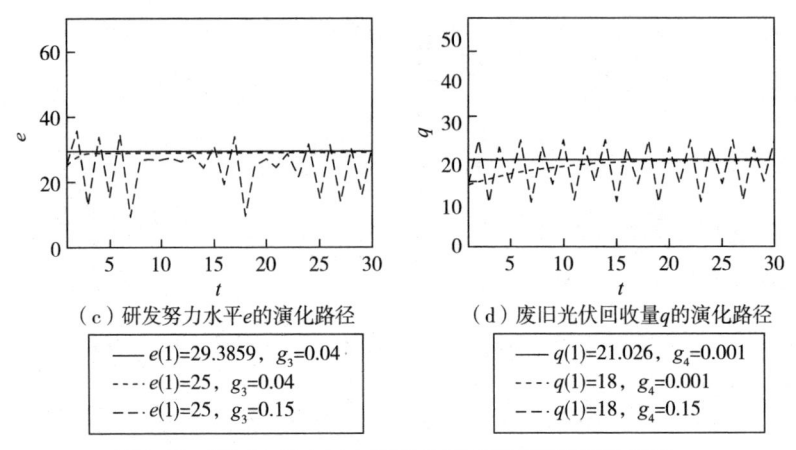

— e(1)=29.3859, g₃=0.04
--- e(1)=25, g₃=0.04
-·- e(1)=25, g₃=0.15

(d)废旧光伏回收量q的演化路径

— q(1)=21.026, g₄=0.001
--- q(1)=18, g₄=0.001
-·- q(1)=18, g₄=0.15

图 6-7　不同决策变量在不同条件下随时间的演化路径

6.5.3　复杂行为特征与利润分析

前一小节虽讨论了系统的稳定性和复杂性，但并未探讨决策调整行为对供应链成员中长期运营和利润的影响。本节通过数值分析，对该问题进行深入研究。

首先，在给定参数值下计算出政府实施研发补贴情形下的均衡解为：$\phi^{WS}=0.35602$，$p^{WS}=409.549$，$e^{WS}=29.3859$，$q^{WS}=21.0266$。将其设为系统初始值，通过系统演化轨迹图 6-7 研究供应链成员随时间迭代至 $t=30$ 的决策演化情况。水平实线表示在基准初始值下，决策在稳态下的演化轨迹；点划线和虚线均为初始值与基准初始值存在微小差值下的系统演化轨迹，两者的区别是前者的决策调整速度在稳定域内，而后者的系统处于混沌状态。以图 6-7（a）为例，水平实线表明如果政府将补贴初值设为与不动点 $\phi(1)=0.35602$ 相等，则各成员的决策将保持均衡解不变。点划线表明当系统参数在稳定域内，如果政府设定的初始研发补贴水平 $\phi(1)=0.25$ 低于均衡解时，政府会慢慢提升补贴水平并逐渐向均衡状态调整。该点划线绘制了保守决策行为下政府中长期政策制定的决策演化路径。此外，虚线表示当政府决策调整速度 $g_1=0.001$ 时，决策调整速度过快，研发补贴水平

第6章 政策补贴光伏承建商视角下的光伏回收供应链博弈研究

演化路径因混沌而失稳,且观察不到其收敛趋势,这将给市场带来更大的政策不确定性。从图 6-7(b)、图 6-7(c)和图 6-7(d)中可以看到类似的演化特征规律。

此外,为研究不同的决策行为对中长期社会福利、供应链成员盈利水平和研发补贴水平的影响,本节绘制了图 6-8 研究上述问题。图 6-8(a)展示了社会福利受光伏承建商回收价格、研发努力程度这两个变量的决策调整速度的影响。可以看出当回收价格调整加快后,系统分岔与混沌现象的出现使得社会福利出现短暂的小幅提升,继而大幅下降。图 6-8(b)和图 6-8(c)分别绘制了 g_1 和 g_4 对光伏承建商和投资人回收剩余的影响。可以发现,若政府在制定政策时过于激进,很可能在中长期造成光伏承建商利润和投资人回收剩余的严重损失。图 6-8(d)给出了政府补贴调整速率和光伏承建商研发努力程度调整速率,对研发补贴量的中长期影响。该图反映出在过快的调整速率下,政府对光伏回收研发的补贴将持续降低。

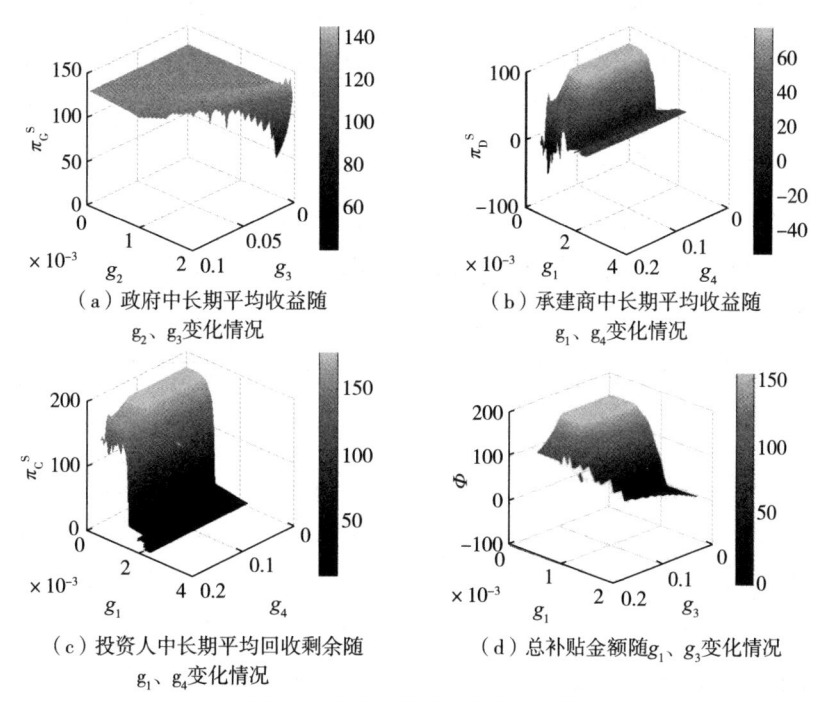

(a)政府中长期平均收益随 g_2、g_3 变化情况

(b)承建商中长期平均收益随 g_1、g_4 变化情况

(c)投资人中长期平均回收剩余随 g_1、g_4 变化情况

(d)总补贴金额随 g_1、g_3 变化情况

图 6-8 决策者利润与总补贴金额

对光伏承建商的管理学启示是，光伏承建商不要过快地调整研发努力程度，否则政府将因为研发不确定性减小对承建商的补贴。

6.6　本章小结

随着光伏装机量的爆发式增长，全球出现了越来越多的废旧光伏系统，由此产生了环境污染等诸多问题。本章考虑了光伏系统在实际中存在的衰减现象、太阳能产出的不确定性以及光伏投资人对风险厌恶的偏好，通过建立主从博弈模型研究废旧光伏板的回收问题。根据政府是否对光伏回收技术实施研发补贴，划分为两种情形进行比较研究。通过计算得出纳什均衡解和最优决策下的社会福利、供应链成员的利润。研究了风险规避程度和废旧光伏再制造边际利润等参数对最优决策的影响。通过对比两种情形的最优解，发现研发补贴政策的实施可以刺激光伏承建商上涨回收价格，提高承建商对回收技术研发的努力程度，同时提升光伏投资人的回收意愿。研究结果还表明，研发补贴的实施可以提升社会福利、光伏承建商利润以及投资人回收剩余。因此，政府施行研发补贴政策对社会福利提升十分有利。

考虑废旧光伏供应链的中长期运营情况，本章还构建了中长期重复博弈模型，通过研究系统稳定性，明确各供应链成员决策调整的稳定域。在稳定域内，各成员采取保守的中长期调整策略，并保持系统稳定。当决策调整速度过快时，供应链成员表现为激进的中长期调整行为，系统出现分岔与混沌现象。此时，系统失去稳定性且表现出复杂演化特征，成员的决策不确定性大幅增加。研究结果表明，当决策主体采取激进的中长期调整行为时，会降低中长期社会福利、企业收益、投资人回收剩余以及政府给予的研发补贴投入。因此，在中长期决策中，应尽量避免过于激进的决策行为。

第7章
总结与展望

7.1 总结

世界各国对化石能源的过度使用，产生了大量污染物和温室气体，造成了生态环境破坏、温室效应加剧等问题。2020年12月21日国务院新闻办公室发布的《新时代的中国能源发展》白皮书显示，我国已经成为世界上最大的能源生产和消费国，并且要加快发展包括太阳能在内的可再生能源，用以替代传统化石能源。光伏发电作为可再生能源的重要组成部分，在过去几十年里持续蓬勃发展，其主要特性之一为零排放。与化石能源相比，可再生能源目前在经济发展、环境保护、增加社会福利等方面的优势与重要性变得越发突出。大力发展光伏产业有助于缓解因大量使用化石能源引发的生态环境问题。

此外，国家对化石能源的过度依赖，还会造成化石能源枯竭和能源安全问题。一是化石能源具有不可再生的特点，在资源量一定的前提下，随着开采量的增加国家将面临化石能源枯竭的风险。作为可再生能源，光伏发电能够帮助解决能源枯竭问题。因此，加快推进发展光伏发电可以帮助推进能源供给侧结构性改革。二是由于我国是煤炭、石油等化石能源的进口大国，因此在外部环境不确定甚至不能通过进口获得化石能源的特殊时期，化石能源供应将可能遭遇严重短缺的困境。此时，可再生能源作为一种替代能源，能够在国家能源安全战略层面发挥至关重要的作用，在特殊时期满足基本能源需求，减小我国遭遇能源"卡脖子"的风险。

可再生能源属于新兴行业，因此该行业同样面临诸多不确定性，例如，发展政策不确定性、供应链产能不确定性以及市场需求不确定性等。政府通常需要在新兴产业发展中扮演顶层机制设计的重要角色。太阳能发展政策会对整个行业和社会产生深远影响，因此需要科学、谨慎地制定相关政策。为了给政策制定和运营实践提供理论依据和管理建议，帮助理解光伏市场运行中的不确定性，本书构建了上网电价政策、退税政策、度电补贴政策和研发补贴政策下的多阶段光伏供应链短期博弈模型，研究对象主要包括政府、光伏承建商、电力企业以及居民。基于短期博弈模型，分析得出纳什均衡解，给出各供应链成员的最优决策，揭示了光伏供应链博弈的内在机理，并讨论了光伏发电不确定性、能源供给竞争、风险规避偏好等因素对光伏供应链最优决策的影响。此外，为了给供应链成员中长期政策、运营策略提供理论支持，本书还构建了有限理性条件下供应链成员的非线性复杂系统，用以描述供应链成员的中长期重复博弈行为。分析了复杂系统的不动点及其稳定性，研究了外部扰动对系统稳定性的影响，并揭示了供应链成员中长期博弈行为特征。本书的主要研究结论和创新性研究成果如下：

（1）本书在政策补贴居民视角下，研究了居民上网电价政策和退税政策的设计与助推效果比较问题。在考虑异质性居民光照资源情况下，构建了由政府、光伏承建商和居民组成的光伏供应链主从博弈模型。研究发现，在上网电价政策下，提高市场电价将导致上网电价和光伏板价格的上升。相比于屋顶光照时间较短的居民，光照时间长的居民愿意安装更多的光伏板。研究还发现，与上网电价政策相比，退税政策在一般情况下对居民的投资决策影响较小。因此，在政策设计过程中，政府可以较多地考虑使用上网电价政策使政策效果更加明显。此外，研究证实了现实中上网电价的退坡现象是政府的最优选择。通过构建上网电价政策下的中长期供应链重复博弈系统，研究得出供应链成员中长期决策调整速度的阈值。在保守的决策行为下，成员将维持现有决策不变，同时能够获得中长期稳定收益。相反，较为激进的决策行为会让系统失去稳定性。与现有的一些研究观点不同，本书发现混沌现象并不一定总对决策者的中长期收益造成损失。其他局中人激进的决策会带来自身收益的波动，甚至可能增加自身中长期收益。

（2）本书在政策补贴电力企业视角下，研究了电力企业度电补贴政策设计与最优策略选择问题。在考虑光照强度不确定性条件下，构建了光伏供应链动态博弈模型。计算出与光伏材料成本相关的两个阈值，该阈值能够将集中式光伏供应链博弈问题分为三种不同情形。研究发现，年光照强度高地方的成员应分别实施较低的度电补贴率政策、销售更高溢价的光伏板，加大集中式光伏投资规模。此外，本书还研究了弃光现象对供应链博弈机制的影响。结果表明，弃光现象会抑制电力企业对集中式光伏项目的投资安装量，也会让光伏承建商降低光伏板售价。此时面对萎缩的市场，政府应该提高度电补贴水平。本书还构建了集中式光伏供应链复杂系统，探讨了该系统不动点的稳定性，并求出供应链成员决策调整速度的阈值，揭示了供应链成员不同的决策行为特征。本书还以中国西昌市和美国奥兰多市为案例，将实际太阳能数据运用于所构建的模型中。结果表明，过于激进的中长期调整策略会损害全部供应链成员的中长期收益。

（3）本书在政策惩罚电力企业视角下，研究了电力企业能源供给侧结构性改革过程中的可再生能源配额制设计问题。在考虑传统化石能源与太阳能光伏两种发电资源的情形下，构建了多级光伏供应链双电力资源竞争博弈模型，分析了能源供给侧结构性改革内在机理。本书分别考虑了实施与不实施可再生能源配额制两种情形下成员的最优决策，研究了温和的以及高标准的配额制政策阈值，和不同成员的最优策略。研究发现，政府在政策实施阻力不大时，应该颁布高标准的光伏发电比例要求，加大能源供给侧改革力度，而非采取温和的配额制要求，这样政府的收益才能够因此实现最大化。此时虽然电力企业无法完成光伏发电指标，但迫于监管要求，电力企业会加大对光伏的投资量。由于光伏板安装投资量的提升，光伏承建商因为政策因素反而获得了更多的光伏板价格上涨空间。所以在高标准政策下光伏承建商一定能够从中获取更多的利润。因此，结果表明光伏承建商会是高标准配额制的受益者和拥护者。由于光伏承建商将会从高标准的光伏发电比例中获益，因此政府将更加明确高标准光伏发电政策的主要实施阻力将不会来自光伏承建商。此外，通过构建非线性重复博弈系统，本书研究了配额制下双能源博弈的复杂系统动力学特性，绘制了光伏配额比例与光伏安装量的中长期演化图。研究发现，复杂系统所刻画的配额率和光伏装机量的演化路径与实际情况相符。

（4）本书在政策补贴光伏承建商视角下，研究了废旧光伏系统回收过程中的研发补贴政策设计问题。本书在考虑光伏发电效率随使用时间衰减的特性下，构建了光伏回收供应链博弈模型。模型考虑了光照时长不确定性以及光伏投资人对风险的规避行为，研究了政府实施与不实施研发补贴政策两种情形。分析得出各成员的最优决策和最优社会福利、最大利润。研究发现，若光伏投资人对废旧光伏回收风险的厌恶程度越高，则光伏承建商对回收技术研发的积极性越低，且回收废旧光伏的报价也将降低。从政府的角度出发，政府此时需要提高研发技术补贴来激励技术研发。对比实施与不实施研发补贴政策两种情形，研究发现研发补贴政策的实施可以刺激光伏承建商上涨回收价格、提高废旧光伏的回收量，还将提高社会福利，提高光伏承建商和投资人的收益。因此，本书建议相关管理者颁布合适的光伏回收研发补贴政策。此外，本书构建了光伏回收复杂系统模型，给出了供应链成员中长期调整策略。研究发现，过快的决策调整速度会导致系统失稳，并产生分岔和混沌现象。同时，中长期视角下的社会福利、光伏承建商利润、投资人收益和研发补贴投入均会随之降低。

7.2　展望

针对能源结构转型升级中的可再生能源助推政策机制设计和供应链运

营问题，本书构建了不同政策下的光伏供应链多级动态博弈模型，并分别从不同供应链决策参与者的角度分析了各自的最优策略，为可再生能源发展政策制定和运营决策提供了理论依据。未来的研究工作可以从以下两个方面展开：

（1）未来可以考虑光伏原材料产能的不确定性因素对光伏供应链成员最优决策的影响。过去，在新冠疫情持续蔓延的背景下，全球供应链体系遭受严重冲击，许多原材料和商品出口国的产能出现大幅波动。此外，国际海运费用和海洋运输运力在此期间同样出现大幅波动，这同样对全球化背景下的世界供应链产生深远影响。光伏成本与产能的波动将逐步从上游传导到下游，导致光伏供应链成员面临诸多的不确定性，并会对成员的最优决策和利润水平产生重大影响。因此，后续可继续研究不确定性产能对光伏供应链博弈最优策略选择的影响。

（2）未来可以考虑能源存储因素对光伏供应链成员最优决策的影响。随着新材料、新型储能技术的不断发展，储能设施的安装量不断提高。电力存储技术有望成为未来解决可再生能源间歇性的重要手段之一。将光伏发电与储能相结合，有望促进可再生能源的投资需求，促进实现低碳发展。因此，未来可从政策和运营等角度，研究能源存储技术对光伏供应链各成员最优运营决策的影响，实现储能技术与可再生能源发电技术协调发展。

参考文献

［1］董瑞．不同理性预期下 Stackelberg 模型的动态复杂性［J］．系统工程理论与实践，2017，37（7）：1761-1767．

［2］蒋轶澄，曹红霞，杨莉，等．可再生能源配额制的机制设计与影响分析［J］．电力系统自动化，2020，44（7）：187-199．

［3］李金城．面向可再生能源配额制的发售电公司最优投资决策研究［D］．杭州：浙江大学，2021．

［4］刘荣荣，周伟，柏恩鹏．异质三寡头模型的 R&D 竞争分析［J］．工业工程，2020，23（6）：138-145．

［5］王洪武．基于非线性理论的古诺-伯川德混合模型研究及应用［D］．天津：天津大学，2013．

［6］王辉，徐浩成，赵文会．不确定需求与配额制下电力市场多主体交易决策优化［J］．电网与清洁能源，2021，37（9）：34-44．

［7］王乐乐，陈佳佳，焦丕华，等．考虑非线性奖惩机制的多主体主从博弈模型［J］．控制理论与应用，2021，38（12）：2010-2018．

［8］王玥，陈洪转．主制造商供应商协同合作最优定价决策博弈与混沌分析［J］．动力学与控制学报，2018，16（5）：473-479．

［9］吴建悍，付保川，费昭安，等．基于双层主从博弈的多微电网能源管理方法［J］．控制工程，2021，28（6）：1229-1236．

［10］杨俊峰，李博洋，霍婧，等．"十四五"中国光伏行业绿色低碳发展关键问题分析［J］．有色金属（冶炼部分），2021（12）：57-62．

［11］张家忠．非线性动力系统的运动稳定性、分岔理论及其应用

[M]. 西安：西安交通大学出版社, 2010.

[12] 赵骅, 郑吉川. 不同新能源汽车补贴政策对市场稳定性的影响[J]. 中国管理科学, 2019, 27 (9): 47-55.

[13] 周继儒, 李军祥, 何建佳, 等. 基于区块链的微网与大电网合作博弈研究[J]. 系统工程理论与实践, 2021, 41 (8): 2090-2100.

[14] 朱彦兰, 周伟, 褚童, 等. 管理委托下的双寡头博弈的复杂动力学分析[J]. 山东大学学报（理学版）, 2021, 56 (7): 32-45.

[15] Aflaki S, Kleindorfer P R, de Miera Polvorinos V S. Finding and implementing energy efficiency projects in industrial facilities [J]. Production and Operations Management, 2013, 22 (3): 503-517.

[16] Aflaki S, Netessine S. Strategic investment in renewable energy sources: The effect of supply intermittency [J]. Manufacturing & Service Operations Management, 2017, 19 (3): 489-507.

[17] Ahi P, Jaber M Y, Searcy C. A comprehensive multidimensional framework for assessing the performance of sustainable supply chains [J]. Applied Mathematical Modelling, 2016, 40 (23-24): 10153-10166.

[18] Ahmed E, Elsadany A, Puu T. On Bertrand duopoly game with differentiated goods [J]. Applied Mathematics and Computation, 2015, 251: 169-179.

[19] Algwaiz M, Chao X, Wu O Q. Understanding How Generation Flexibility and Renewable Energy Affect Power Market Competition [J]. Manufacturing & Service Operations Management, 2017, 19 (1): 114-131.

[20] Alizamir S, de Véricourt F, Sun P. Efficient feed-in-tariff policies for renewable energy technologies [J]. Operations Research, 2016, 64 (1): 52-66.

[21] Babich V, Lobel R, Yücel Ş. Promoting solar panel investments: Feed-in-tariff vs. tax-rebate policies [J]. Manufacturing & Service Operations Management, 2020, 22 (6): 1148-1164.

[22] Bao B, Ma J, Goh M. Short-and long-term repeated game behaviours

of two parallel supply chains based on government subsidy in the vehicle market [J]. International Journal of Production Research, 2020, 58 (24): 7507-7530.

[23] Barbose G, Wiser R, Heeter J, et al. A retrospective analysis of benefits and impacts of US renewable portfolio standards [J]. Energy Policy, 2016, 96: 645-660.

[24] Baur L, Uriona M. Diffusion of photovoltaic technology in Germany: A sustainable success or an illusion driven by guaranteed feed-in tariffs? [J]. Energy, 2018, 150: 289-298.

[25] Bird L, Cochran J, Wang X. Wind and solar energy curtailment: Experience and practices in the United States [R]. [S.l.]: National Renewable Energy Lab. (NREL), Golden, CO (United States), 2014.

[26] Bischi G I, Naimzada A. Global analysis of a dynamic duopoly game with bounded rationality [M]//Advances in dynamic games and applications. [S.l.]: Springer, 2000: 361-385.

[27] Bohringer C, Cuntz A, Harhoff D, et al. The impact of the German feed-in tariff scheme on innovation: Evidence based on patent filings in renewable energy technologies [J]. Energy Economics, 2017, 67: 545-553.

[28] Burns J E, Kang J. Comparative economic analysis of supporting policies for residential solar PV in the United States: Solar Renewable Energy Credit (SREC) potential [J]. Energy Policy, 2012, 44: 217-225.

[29] Campoccia A, Dusonchet L, Telaretti E, et al. An analysis of feed' in tariffs for solar PV in six representative countries of the European Union [J]. Solar Energy, 2014, 107: 530-542.

[30] Castaneda M, Jimenez M, Zapata S, et al. Myths and facts of the utility death spiral [J]. Energy Policy, 2017, 110: 105-116.

[31] Chan G, Evans I, Grimley M, et al. Design choices and equity implications of community shared solar [J]. The Electricity Journal, 2017, 30 (9):

37-41.

[32] Chen J Y, Dimitrov S, Pun H. The impact of government subsidy on supply Chains' sustainability innovation [J]. Omega, 2019, 86: 42-58.

[33] Chen J, Zhang T, Zhou Y. Dynamics of a risk-averse newsvendor model with continuous-time delay in supply chain financing [J]. Mathematics and Computers in Simulation, 2020, 169: 133-148.

[34] Chen Z, Su S I. Photovoltaic supply chain coordination with strategic consumers in China [J]. Renewable Energy, 2014, 68: 236-244.

[35] Chen Z, Su S I. Dual competing photovoltaic supply chains: A social welfare maximization perspective [J]. International Journal of Environmental Research and Public Health, 2017, 14 (11): 1416.

[36] Chowdhury M S, Rahman K S, Chowdhury T, et al. An overview of solar photovoltaic panels' end-of-life material recycling [J]. Energy Strategy Reviews, 2020, 27: 100431.

[37] Coffman M, Wee S, Bonham C, et al. A policy analysis of Hawaii's solar tax credit [J]. Renewable Energy, 2016, 85: 1036-1043.

[38] Cohen M C, Lobel R, Perakis G. The Impact of Demand Uncertainty on Consumer Subsidies for Green Technology Adoption [J]. Management Science, 2016, 62 (5): 1235-1258.

[39] Cook J J, Forrester S, Grunwald B, et al. Up to the Challenge: Communities Deploy Solar in Underserved Markets [M]. [S. l.]: National Renewable Energy Laboratory, 2019.

[40] Curtis T L, Buchanan H, Heath G, et al. Solar Photovoltaic Module Recycling: A Survey of US Policies and Initiatives [R]. [S. l.]: Golden, Colorado: National Renewable Energy Laboratory, 2021.

[41] Davies J, Joglekar N. Supply chain integration, product modularity, and market valuation: Evidence from the solar energy industry [J]. Production

and Operations Management, 2013, 22 (6): 1494-1508.

[42] Souza de Paula A, Savi M A. A multiparameter chaos control method based on OGY approach [J]. Chaos, Solitons & Fractals, 2009, 40 (3): 1376-1390.

[43] Dehghani E, Jabalameli M S, Jabbarzadeh A. Robust design and optimization of solar photovoltaic supply chain in an uncertain environment [J]. Energy, 2018, 142: 139-156.

[44] Ding Z, Li Q, Jiang S, et al. Dynamics in a Cournot investment game with heterogeneous players [J]. Applied Mathematics and Computation, 2015, 256: 939-950.

[45] Dong Y, Shimada K. Evolution from the renewable portfolio standards to feed-in tariff for the deployment of renewable energy in Japan [J]. Renewable Energy, 2017, 107: 590-596.

[46] Elsadany A A, Awad A M. Dynamics and chaos control of a duopolistic Bertrand competitions under environmental taxes [J]. Annals of Operations Research, 2019, 274 (1): 211-240.

[47] Elsadany A, Matouk A. Dynamical behaviors of fractional-order Lotka-Volterra predator-prey model and its discretization [J]. Journal of Applied Mathematics and Computing, 2015, 49 (1-2): 269-283.

[48] Faircloth C C, Wagner K H, Woodward K E, et al. The environmental and economic impacts of photovoltaic waste management in Thailand [J]. Resources, Conservation and Recycling, 2019, 143: 260-272.

[49] Fan R, Dong L. The dynamic analysis and simulation of government subsidy strategies in low-carbon diffusion considering the behavior of heterogeneous agents [J]. Energy Policy, 2018, 117: 252-262.

[50] Feigenbaum M J. Quantitative universality for a class of nonlinear transformations [J]. Journal of Statistical Physics, 1978, 19 (1): 25-52.

[51] Feldman D J, Ebers A, Margolis R M. Q3/Q4 2018 Solar Industry Update [R]. [S. l.]: National Renewable Energy Lab. (NREL), Golden, CO (United States), 2019.

[52] Feldman D J, Margolis R M. Q4 2018/Q1 2019 Solar Industry Update [R]. [S. l.]: National Renewable Energy Lab. (NREL), Golden, CO (United States), 2019.

[53] Feldman D J, O'shaughnessy E, Margolis R M. Q3/Q4 2019 Solar Industry Update [R]. [S. l.]: National Renewable Energy Lab. (NREL), Golden, CO (United States), 2020.

[54] Fouquet D, Johansson T B. European renewable energy policy at crossroads—Focus on electricity support mechanisms [J]. Energy policy, 2008, 36 (11): 4079-4092.

[55] Fudenberg D, Tirole J. Game theory [M]. [S. l.]: The MIT Press; 1st edition (August 29, 1991), 1991.

[56] Funkhouser E, Blackburn G, Magee C, et al. Business model innovations fordeploying distributed generation: The emerging landscape of community solar in the US [J]. Energy Research & Social Science, 2015, 10: 90-101.

[57] Gangwar P, Kumar N M, Singh A K, et al. Solar photovoltaic tree and its end-oflife management using thermal and chemical treatments for material recovery [J]. Case Studies in Thermal Engineering, 2019, 14: 100474.

[58] Ge Z, Hu Q, Xia Y. Firms' R&D cooperation behavior in a supply chain [J]. Production and Operations Management, 2014, 23 (4): 599-609.

[59] Geall S, Shen W, Gongbuzeren. Solar energy for poverty alleviation in China: state ambitions, bureaucratic interests, and local realities [J]. Energy research & social science, 2018, 41: 238-248.

[60] Girotra K, Netessine S. OM forum-business model innovation for sustainability [J]. Manufacturing & Service Operations Management, 2013, 15

(4): 537-544.

[61] Goksu A, Kocamaz U E, Uyaroglu Y. Synchronization and control of chaos in supply chain management [J]. Computers & Industrial Engineering, 2015, 86: 107-115.

[62] Gönen Ç, Kaplanoğlu E. Environmental and economic evaluation of solar panel wastes recycling [J]. Waste Management & Research, 2019, 37 (4): 412-418.

[63] Goodarzi S, Aflaki S, Masini A. Optimal Feed-In Tariff Policies: The Impact of Market Structure and Technology Characteristics [J]. Production and Operations Management, 2019, 28 (5): 1108-1128.

[64] Goodrich A, James T, Woodhouse M. Residential, commercial, and utilityscale photovoltaic (PV) system prices in the United States: current drivers and cost-reduction opportunities [R]. [S.l.]: National Renewable Energy Lab. (NREL), Golden, CO (United States), 2012.

[65] Guajardo J A. Third-party ownership business models and the operational performance of solar energy systems [J]. Manufacturing & Service Operations Management, 2018, 20 (4): 788-800.

[66] Hansen U E, Nygaard I, Dal Maso M. The dark side of the sun: solar e-waste and environmental upgrading in the off-grid solar PV value chain [J]. Industry and Innovation, 2021, 28 (1): 58-78.

[67] Hénon M. A Two-dimensional Mapping with a Strange Attractor [M]. New York, NY: Springer New York, 2004.

[68] Hu S, Souza G C, Ferguson M, et al. Capacity Investment in Renewable Energy Technology with Supply Intermittency: Data Granularity Matters! [J]. Manufacturing & Service Operations Management, 2015, 17 (4): 480-494.

[69] Hwarng H B, Xie N. Understanding supply chain dynamics: A chaos perspective [J]. European Journal of Operational Research, 2008, 184 (3):

1163-1178.

[70] Jordan D C, Kurtz S R. Photovoltaic degradation rates—an analytical review [J]. Progress in Photovoltaics: Research and Applications, 2013, 21 (1): 12-29.

[71] Jorgensen S, Quincampoix M, Vincent T L. Advances in Dynamic Game Theory: Numerical Methods, Algorithms, and Applications to Ecology and Economics [M]. [S. l.]: Springer Science & Business Media, 2007.

[72] Karneyeva Y, Wustenhagen R. Solar feed-in tariffs in a post-grid parity world: The role of risk, investor diversity and business models [J]. Energy Policy, 2017, 106: 445-456.

[73] Kharaji Manouchehrabadi M, Yaghoubi S. A game theoretic incentive model for closed-loop solar cell supply chain by considering government role [J]. Energy Sources, Part A: Recovery, Utilization, and Environmental Effects, 2024, 46 (1): 8017-8041.

[74] Kim H, Jung T Y. Independent solar photovoltaic with Energy Storage Systems (ESS) for rural electrification in Myanmar [J]. Renewable and Sustainable Energy Reviews, 2018, 82: 1187-1194.

[75] Kök A G, Shang K, Yücel Ş. Impact of electricity pricing policies on renewable energy investments and carbon emissions [J]. Management Science, 2016, 64 (1): 131-148.

[76] Kök A G, Shang K, Yücel Ş. Investments in renewable and conventional energy: The role of operational flexibility [J]. Manufacturing & Service Operations Management, 2020 (5): 925-941.

[77] Kuznetsov Y A, Meijer H G, van Veen L. The fold-flip bifurcation [J]. International Journal of Bifurcation and Chaos, 2004, 14 (7): 2253-2282.

[78] Lapko Y, Trianni A, Nuur C, et al. In pursuit of closed-loop supply chains for critical materials: An exploratory study in the green energy sector [J].

Journal of Industrial Ecology, 2019, 23 (1): 182-196.

[79] Larsen E R, Morecroft J D W, Thomsen J S. Complex behaviour in a production-distribution model [J]. European Journal of Operational Research, 1999, 119 (1): 61-74.

[80] Lemaire X. Off-grid electrification with solar home systems: The experience of a fee-for-service concession in South Africa [J]. Energy for Sustainable Development, 2011, 15 (3): 277-283.

[81] Li T Y, Yorke J A. Period three implies chaos [J]. American Mathematical Monthly, 1975, 82 (10): 985-992.

[82] Linsay P S. Period doubling and chaotic behavior in a driven anharmonic oscillator [J]. Physical Review Letters, 1981, 47 (19): 1349.

[83] Liu C, Huang W, Yang C. The evolutionary dynamics of China's electric vehicle industry-Taxes vs. subsidies [J]. Computers & Industrial Engineering, 2017, 113: 103-122.

[84] Liu G, Sethi S P, Zhang J. Myopic vs. far-sighted behaviours in a revenue-sharing supply chain with reference quality effects [J]. International Journal of Production Research, 2016, 54 (5): 1334-1357.

[85] Lorenz E N. Deterministic nonperiodic flow [J]. Journal of Atmospheric Sciences, 1963, 20 (2): 130-141.

[86] Lou W, Ma J. Complexity of sales effort and carbon emission reduction effort in a two-parallel household appliance supply chain model [J]. Applied Mathematical Modelling, 2018, 64: 398-425.

[87] Lu F, Zhang J, Tang W. Wholesale price contract versus consignment contract in a supply chain considering dynamic advertising [J]. International Transactions in Operational Research, 2019, 26 (5): 1977-2003.

[88] Ma J, Ren H. Influence of government regulation on the stability of dual-channel recycling model based on customer expectation [J]. Nonlinear Dy-

namics, 2018, 94 (3): 1775-1790.

[89] Ma J, Xie L. The comparison and complex analysis on dual-channel supply chain under different channel power structures and uncertain demand [J]. Nonlinear Dynamics, 2016, 83 (3): 1379-1393.

[90] Ma J, Xu T, Hong Y, et al. Impact Research on a Nonlinear Cold Chain Evolutionary Game Under Three Various Contracts [J]. International Journal of Bifurcation & Chaos, 2019, 29 (5): 1950058.

[91] Ma J, Zhang J. Price game and chaos control among three oligarchs with different rationalities in property insurance market [J]. Chaos: An Interdisciplinary Journal of Nonlinear Science, 2012, 22 (4): 043120.

[92] Mabee W E, Mannion J, Carpenter T. Comparing the feed-in tariff incentives for renewable electricity in Ontario and Germany [J]. Energy Policy, 2012, 40: 480-489.

[93] Mahmoud G M, Arafa A A, Abed-Elhameed T M, et al. Chaos control of integer and fractional orders of chaotic Burke-Shaw system using time delayed feedback control [J]. Chaos, Solitons & Fractals, 2017, 104: 680-692.

[94] Matouk A, Elsadany A, Xin B. Neimark-Sacker bifurcation analysis and complex nonlinear dynamics in a heterogeneous quadropoly game with an isoelastic demand function [J]. Nonlinear Dynamics, 2017, 89 (4): 2533-2552.

[95] May R M. Simple mathematical models with very complicated dynamics [J]. Nature, 1976 (261): 459-467.

[96] Meyer J. The theory of risk and risk aversion [M] //Handbook of the Economics of Risk and Uncertainty. [S. l.]: Elsevier, 2014, 1: 99-133.

[97] Mondal S. A new supply chain model and its synchronization behaviour [J]. Chaos Solitons & Fractals, 2019, 123: 140-148.

[98] Muaafa M, Adjali I, Bean P, et al. Can adoption of rooftop solar panels trigger a utility death spiral? A tale of two US cities [J]. Energy Research &

Social Science, 2017, 34: 154-162.

[99] Nash J F, et al. Equilibrium points in n-person games [J]. Proceedings of the National Academy of Sciences, 1950, 36 (1): 48-49.

[100] Nevala S M, Hamuyuni J, Junnila T, et al. Electro-hydraulic fragmentation vs conventional crushing of photovoltaic panels–Impact on recycling [J]. Waste Management, 2019, 87: 43-50.

[101] O'shaughnessy E, Cruce J R, Xu K. Too much of a good thing? Global trends in the curtailment of solar PV [J]. Solar Energy, 2020, 208: 1068-1077.

[102] Oteng D, Zuo J, Sharifi E. A scientometric review of trends in solar photovoltaic waste management research [J]. Solar Energy, 2021, 224: 545-562.

[103] Ott E, Grebogi C, Yorke J A. Controlling chaos [J]. Physical review letters, 1990, 64 (11): 1196.

[104] Pacca S, Sivaraman D, Keoleian G A. Parameters affecting the life cycle performance of PV technologies and systems [J]. Energy Policy, 2007, 35 (6): 3316-3326.

[105] Padoan F C, Altimari P, Pagnanelli F. Recycling of end of life photovoltaic panels: A chemical prospective on process development [J]. Solar Energy, 2019, 177: 746-761.

[106] Panteli M, Mancarella P. Influence of extreme weather and climate change on the resilience of power systems: Impacts and possible mitigation strategies [J]. Electric Power Systems Research, 2015, 127: 259-270.

[107] Pecora L M, Carroll T L. Synchronization in chaotic systems [J]. Physical Review Letters, 1990, 64 (8): 821.

[108] Pu X, Ma J. Complex dynamics and chaos control in nonlinear four-oligopolist game with different expectations [J]. International Journal of Bifurcation & Chaos, 2013, 23 (3): 1350053.

［109］Qi L, Zhang Y. Effects of solar photovoltaic technology on the environment in China［J］. Environmental Science and Pollution Research, 2017, 24 (28): 22133-22142.

［110］Ran F, Feldman D J, Margolis R M. U. S. Solar Photovoltaic System Cost Benchmark: Q1 2018［R］.［S. l.］: National Renewable Energy Lab. (NREL), Golden, CO (United States), 2018.

［111］Rofin T, Mahanty B. Impact of price adjustment speed on the stability of Bertrand-Nash equilibrium and profit of the retailers［J］. Kybernetes, 2018, 47 (8): 1494-1523.

［112］Rong H, Hongshan X, Jiang Y. Complex dynamics for airlines' price competition with differentiation strategy［J］. Journal of Transportation Systems Engineering and Information Technology, 2013, 13 (1): 11-16.

［113］Salim H K, Stewart R A, Sahin O, et al. Drivers, barriers and enablers to endof-life management of solar photovoltaic and battery energy storage systems: A systematic literature review［J］. Journal of cleaner production, 2019, 211: 537-554.

［114］Shi X, Zheng Y, Lei Y, et al. Air quality benefits of achieving carbon neutrality in China［J］. Science of the Total Environment, 2021, 795: 148784.

［115］Singh S P, Scheller-Wolf A. That's not fair: Tariff structures for electric utilities with rooftop solar［J］. Manufacturing & Service Operations Management, 2022, 24 (1): 40-58.

［116］Su J, Li C, Tsai S B, et al. A sustainable closed-loop supply chain decision mechanism in the electronic sector［J］. Sustainability, 2018, 10 (4): 1295.

［117］Su J, Li C, Zeng Q, et al. A green closed-loop supply chain coordination mechanism based on third-party recycling［J］. Sustainability, 2019, 11

(19): 5335.

[118] Tang C S, Sodhi M S, Formentini M. An analysis of partially-guaranteed-price contracts between farmers and agri-food companies [J]. European Journal of Operational Research, 2016, 254 (3): 1063-1073.

[119] Timilsina G R, Kurdgelashvili L, Narbel P A. Solar energy: Markets, economics and policies [J]. Renewable & Sustainable Energy Reviews, 2012, 16 (1): 449-465.

[120] Tsanakas J A, van der Heide A, Radavičius T, et al. Towards a circular supply chain for PV modules: review of today's challenges in PV recycling, refurbishment and re-certification [J]. Progress in Photovoltaics: Research and Applications, 2020, 28 (6): 454-464.

[121] Tu H, Wang X. Complex dynamics and control of a dynamic R&D Bertrand triopoly game model with bounded rational rule [J]. Nonlinear Dynamics, 2017, 88 (1): 703-714.

[122] Von Stackelberg H. Market structure and equilibrium [M]. [S. l.]: Springer Science & Business Media, 2010.

[123] Wand R, Leuthold F. Feed-in tariffs for photovoltaics: Learning by doing in Germany? [J]. Applied Energy, 2011, 88 (12): 4387-4399.

[124] Weckend S, Wade A, Heath G A. End of life management: solar photovoltaicpanels [R]. [S. l.]: National Renewable Energy Lab. (NREL), Golden, CO (United States), 2016.

[125] Wu F, Ma J. The equilibrium, complexity analysis and control in epiphytic supply chain with product horizontal diversification [J]. Nonlinear Dynamics, 2018, 93 (4): 2145-2158.

[126] Wu O Q, Kapuscinski R. Curtailing Intermittent Generation in Electrical Systems [J]. Manufacturing & Service Operations Management, 2013, 15 (4): 578-595.

[127] Xi X, Zhang J. Complexity analysis of a decision-making game concerning governments and heterogeneous agricultural enterprises with bounded rationality [J]. Chaos, Solitons & Fractals, 2020, 140: 110220.

[128] Xie L, Hou P, Han H. Implications of government subsidy on the vaccine product R&D when the buyer is risk averse [J]. Transportation Research Part E: Logistics and Transportation Review, 2021, 146: 102220.

[129] Xie L, Ma J, Han H. Implications of stochastic demand and manufacturers' operational mode on retailer's mixed bundling strategy and its complexity analysis [J]. Applied Mathematical Modelling, 2018, 55: 484-501.

[130] Xin-gang Z, Ling W, Ying Z. How to achieve incentive regulation under renewable portfolio standards and carbon tax policy? A China's power market perspective [J]. Energy Policy, 2020, 143: 111576.

[131] Xu T, Ma J. Feed-in tariff or tax-rebate regulation? Dynamic decision model for the solar photovoltaic supply chain [J]. Applied Mathematical Modelling, 2021, 89: 1106-1123.

[132] Xu Y, Li J, Tan Q, et al. Global status of recycling waste solar panels: A review [J]. Waste Management, 2018, 75: 450-458.

[133] Yang H, Yang S, Zhao J, et al. Complex dynamics and chaos control of electricity markets with heterogeneous expectations [J]. International Transactions on Electrical Energy Systems, 2014, 24 (7): 1047-1064.

[134] Yao C, Chen C, Li M. Analysis of rural residential energy consumption and corresponding carbon emissions in China [J]. Energy Policy, 2012, 41: 445-450.

[135] Ye L C, Rodrigues J F D, Lin H. Analysis of feed-in tariff policies for solar photovoltaic in China 2011-2016 [J]. Applied Energy, 2017, 203: 496-505.

[136] Young D, Bistline J. The costs and value of renewable portfolio

standards in meeting decarbonization goals［J］. Energy Economics, 2018, 73: 337-351.

［137］Yu J J, Tang C S, Shen Z J M. Improving Consumer Welfare and Manufacturer Profit via Government Subsidy Programs: Subsidizing Consumers or Manufacturers?［J］. Manufacturing & Service Operations Management, 2018, 20 (4): 752-766.

［138］Zhang H, Van Gerven T, Baeyens J, et al. Photovoltaics: reviewing the European feed-in-tariffs and changing PV efficiencies and costs［J］. The Scientific World Journal, 2014, 2014 (1): 404913.

［139］Zhang Q, Zhang J, Tang W. Coordinating a supply chain with green innovation in a dynamic setting［J］. 4OR, 2017, 15 (2): 133-162.

［140］Zhao L, Chang J, Jianguo D. Dynamics analysis on competition between manufacturing and remanufacturing in context of government subsidies［J］. Chaos, Solitons & Fractals, 2019, 121: 119-128.

［141］Zhou N, Price L, Yande D, et al. A roadmap for China to peak carbon dioxide emissions and achieve a 20% share of non-fossil fuels in primary energy by 2030［J］. Applied Energy, 2019, 239: 793-819.

后　记

在完成本书的撰写之际，我深感这一过程不仅是一次学术的探索，更是一次对未来可持续发展的深度思考。这段旅程充满了挑战，但同时也感受到了更多的使命与责任，充满了感恩与感谢。

使命与责任，是贯穿本书的核心思想，其源自对全球气候变化的深切关注以及对"双碳"目标的使命感。在研究过程中，我深刻体会到光伏产业不仅仅是能源转型的技术路径，更是人类与自然和谐共生的关键纽带。在"双碳"目标的指引下，光伏产业的发展不仅关乎能源结构的转型，更关乎全球气候治理与人类未来的福祉。通过对可再生能源政策与供应链博弈的研究，我希望能够为读者提供一个全新的视角，帮助大家更深入地理解光伏产业发展的复杂性与重要性。同时，我也希望本书能够激发更多人对可再生能源领域的关注与研究，共同为推动全球绿色转型贡献力量。

感恩与感谢，是我内心深处最真挚的情感。一是要感谢我的导师与同行，他们的宝贵意见让我不断修正与完善本书的内容；二是要感谢我的家人，他们的理解与支持是我能够全身心投入研究的重要动力；三是要感谢所有为可再生能源事业奋斗的研究者与实践者，正是他们的努力为本书提供了丰富的理论与实践基础。他们的支持与帮助我将铭记于心，并在未来的研究与实践中继续回报。

最后，我想用一句话来总结本书的核心思想：可持续发展不仅是一种目标，更是一种责任，它需要我们以全局的视角、科学的态度和坚定的信念去探索与实践。愿这场"绿色洪流"能够激发更多人的意识与行动，让每一位参与者都能为"双碳"目标的实现贡献力量，共同迈向一个更加绿色、可持续的未来。

许天桐

2025 年 4 月